Joanita Souza

BRINCANDO
com Ciências

NOVO

5 ENSINO FUNDAMENTAL

Editora do Brasil

Dados Internacionais de Catalogação na Publicação (CIP)
(Câmara Brasileira do Livro, SP, Brasil)

Souza, Joanita
  Brincando com ciências, 5º ano: ensino fundamental/Joanita Souza. –
3. ed. – São Paulo: Editora do Brasil, 2012. – (Coleção brincando com)

Suplementado pelo manual do professor.
ISBN 978-85-10-05251-1 (aluno)
ISBN 978-85-10-05252-8 (professor)

1. Ciências (Ensino fundamental) I. Título. II. Série.

12-06971 CDD-372.35

Índices para catálogo sistemático:
1. Ciências: Ensino fundamental 372.35

© Editora do Brasil S.A., 2012
Todos os direitos reservados

Direção-geral	Vicente Tortamano Avanso
Direção adjunta	Maria Lucia Kerr Cavalcante de Queiroz
Direção editorial	Cibele Mendes Curto Santos
Supervisão editorial	Rita de Cássia Rodrigues
Supervisão de arte e editoração	Adelaide Carolina Cerutti
Supervisão de direitos autorais	Marilisa Bertolone Mendes
Supervisão de controle de processos editoriais	Marta Dias Portero
Supervisão de revisão	Dora Helena Feres
Consultoria de iconografia	Tempo Composto Col. de Dados Ltda.
Edição	Eduardo Passos
Consultoria técnica	Bruno Karolski
Assessoria pedagógica	Josiane Sanson
Assistência editorial	Nathalia C. Folli Simões
Apoio editorial	Kelme Cardoso
Coordenação de revisão	Otacilio Palareti
Copidesque	Ricardo Liberal
Revisão	Elaine Fares e Maria Alice Gonçalves
Pesquisa iconográfica	Natasha Luvir
Coordenação de arte	Maria Aparecida Alves
Assistência de arte	Patrícia Lino
Design gráfico e capa	Maria Aparecida Alves
Imagem de capa	Cris Eich
Ilustrações	Carlos Caminha, Conexão Editorial, Eduardo Belmiro, Katia Horn, Luís Moura, Marcos de Mello, Paulo César Pereira, Pietro Antognioni, Rodval Matias, Ronaldo Barata, Vagner Coelho e Waldomiro Neto
Produção cartográfica	Studio Caparroz
Coordenação de editoração eletrônica	Abdonildo José de Lima Santos
Editoração eletrônica	Andrea Melo
Licenciamentos de textos	Renata Garbellini
Produção fonográfica	Jennifer Xavier e Cinthya Utiyama
Controle de processos editoriais	Leila P. Jungstedt, Carlos Nunes e Flávia Iossi

3ª edição / 4ª impressão, 2017
Impresso no parque gráfico da Editora FTD

Editora do Brasil

Rua Conselheiro Nébias, 887 – São Paulo/SP – CEP 01203-001
Fone: (11) 3226-0211 – Fax: (11) 3222-5583
www.editoradobrasil.com.br

Apresentação

Querido aluno,

Escrevi este livro pensando em você, em seu aprendizado e nas inúmeras conquistas que virão no futuro!

Estude e aprenda cada vez mais na companhia de professores, colegas e de outras pessoas que convivem com você.

Boa sorte ao enfrentar seus desafios e não se esqueça de que sempre precisamos uns dos outros para nos desenvolvermos e nos tornarmos pessoas melhores.

Escreva sua história e faça do mundo um lugar cada vez mais alegre!

Com carinho,

Joanita

Aos queridos
papai e mamãe,
com muito amor e saudades.

Sumário

Vamos brincar 7

Unidade 1
O Universo 15
- A Via Láctea 19
- Estrelas e nebulosas 21
  - As estrelas também morrem 22
  - Grandes distâncias, grandes tamanhos..23
- O Sistema Solar 25
- Os astros do Sistema Solar 25
  - Pequenos corpos do Sistema Solar 28

Unidade 2
A água 33
- O mundo da água 33
- A distribuição da água no planeta 36
- Ciclo da água 38
- Tratamento da água 39
- Propriedades da água 44
- Mudanças de estado físico da água 45

Unidade 3
O ar 49
- Composição do ar 50
- A camada de ozônio 52
- O efeito estufa e o aquecimento global 52
- Propriedades do ar 56
- A pressão atmosférica 57
- A formação dos ventos 58

Unidade 4
O solo 65
- Formação do solo 66
- Composição do solo 67
- Tipos de solo 68
- As rochas e os minerais do subsolo 72
- Conservação do solo......................75
  - Erosão 75
- O solo e a agricultura 76

Unidade 5
Recursos naturais 81
- Recursos renováveis 82
- Recursos não renováveis 83
- Recursos naturais e energia 85
  - A água como fonte energética 85
  - Energia solar e energia eólica: as energias limpas do futuro 87
- Combustíveis fósseis 89
  - Petróleo 89
  - Carvão mineral............................ 90
  - Gás natural.................................. 90
  - Biocombustíveis 91

Unidade 6

Os seres vivos e os ambientes da Terra 97
- A vida no planeta Terra 98
  - Diversidade dos seres vivos 99
  - Dinossauros 102
- Os biomas da Terra 104
  - Tundra, taiga e floresta temperada 104
  - Deserto, campos e savana 108
  - Floresta tropical 112

Unidade 7

Ecologia 119
- O que é Ecologia? 120
- Cadeias alimentares 126
- Teias alimentares 128
- Equilíbrio ecológico 129

Unidade 8

Corpo humano 135
- Sistema digestório 138
- Sistema nervoso 140
- Sistema urinário 143
- Sistema genital 145
- As fases da vida 147
- Mudanças na adolescência 148

Unidade 9

Meio ambiente e saúde pública ... 150
- O ser humano e a exploração do ambiente 152
- Tratamento de esgoto e a saúde pública 154
- O problema do lixo e a saúde pública 156
- Poluição atmosférica 159

Unidade 10

Matéria e energia 164
- Matéria 165
  - Transformações da matéria 168
- Energia 172
  - Formas de energia 172

Brinque mais 178

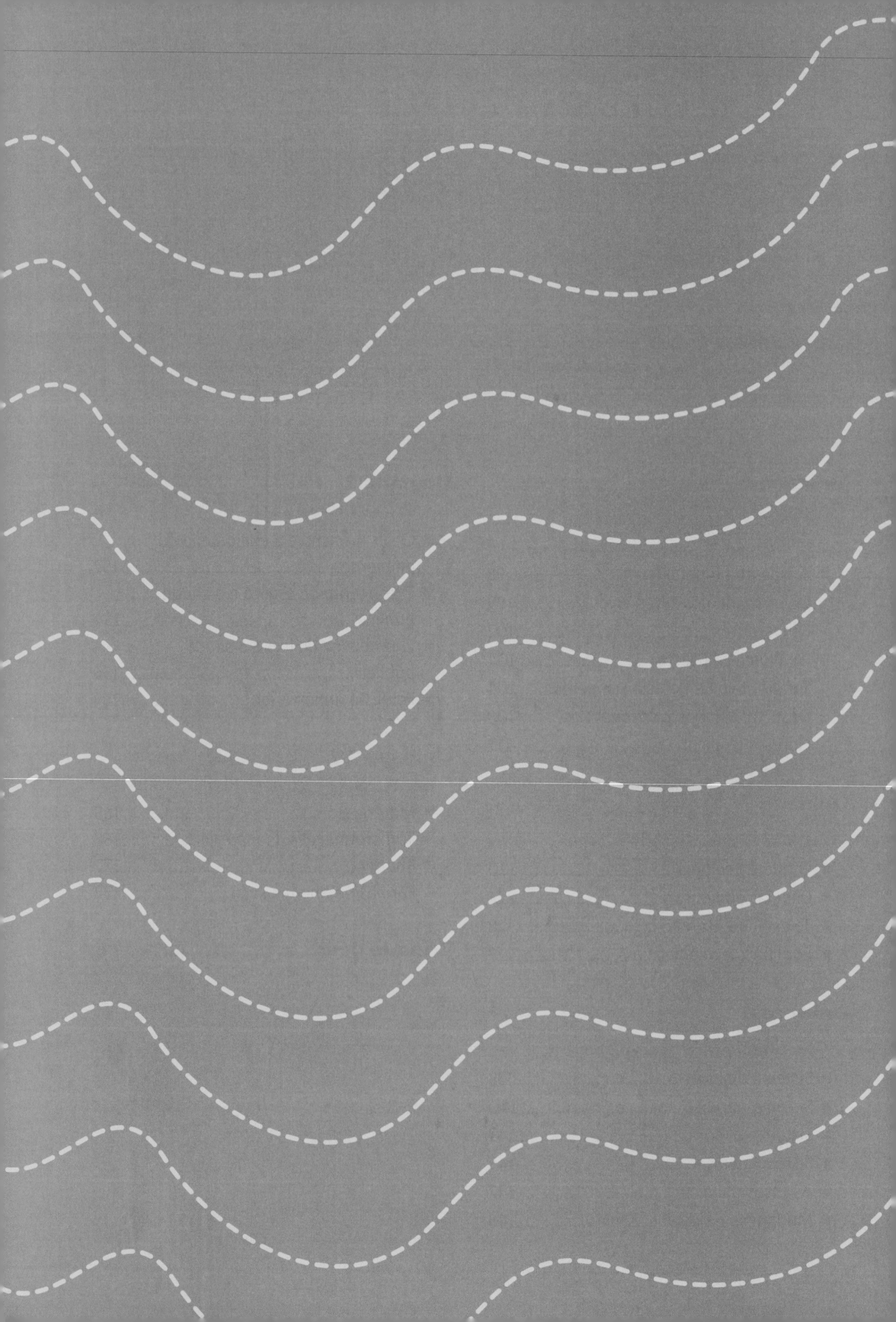

VAMOS BRINCAR

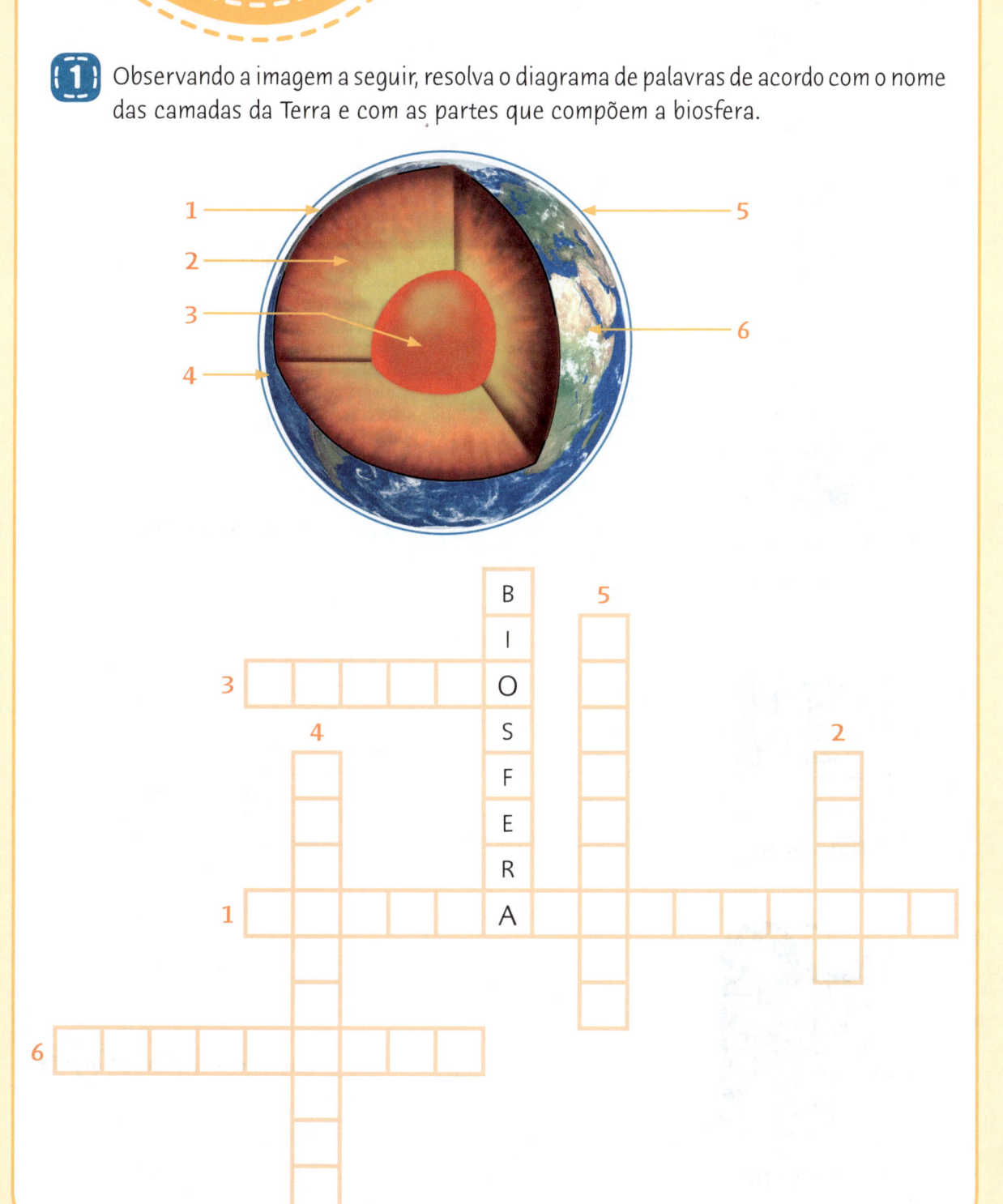

1) Observando a imagem a seguir, resolva o diagrama de palavras de acordo com o nome das camadas da Terra e com as partes que compõem a biosfera.

2 Ligue o aparelho à sua utilidade na medição das condições atmosféricas.

barômetro — pressão atmosférica

termômetro — temperatura do ambiente

anemômetro — velocidade dos ventos

higrômetro — umidade do ar

pluviômetro — quantidade de chuvas

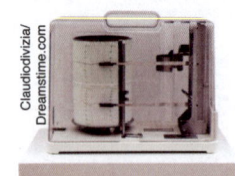

3. Teste seus conhecimentos e veja sua pontuação no final da atividade.

1. Tipo de água ideal para o consumo, que corresponde a somente 0,3% de toda a água do planeta.
   - a) ☐ água doce
   - b) ☐ água salgada
   - c) ☐ água pura
   - d) ☐ água doce congelada

2. É a junção de partículas de água líquida (gotículas) ou sólida (cristais de gelo).
   - a) ☐ gelo
   - b) ☐ chuva
   - c) ☐ água salgada
   - d) ☐ nuvem

3. Ao atingir o solo permeável, a água se infiltra até encontrar uma camada de rochas impermeável, lá ela é armazenada e se forma:
   - a) ☐ o fundo dos rios.
   - b) ☐ o magma.
   - c) ☐ os lençóis de água subterrânea.
   - d) ☐ as rochas sedimentares.

4. Partícula muito pequena, invisível a olho nu, é a menor parte da matéria.
   - a) ☐ molécula
   - b) ☐ átomo
   - c) ☐ elemento
   - d) ☐ partícula

5. Entre as suas propriedades, a água consegue dissolver diversas substâncias. E é considerada por essa propriedade:
   - a) ☐ soluto universal.
   - b) ☐ solvente universal.
   - c) ☐ solução.
   - d) ☐ soluto.

6. Processo em que o vapor de água que é resfriado torna-se líquido.
   - a) ☐ solidificação
   - b) ☐ condensação
   - c) ☐ vaporização
   - d) ☐ água pura

De 0 a 2 respostas certas, 2 pontos: você quase conseguiu, mas precisa retomar um pouco mais da matéria do ano passado.

De 3 a 4 respostas certas, 5 pontos: você está no caminho certo, pesquise um pouco mais e aprenda sobre propriedades da água e a importância dela em nossas vidas.

De 5 a 6 respostas certas, 10 pontos: parabéns, você atingiu a pontuação máxima mostrando que sabe as propriedades e a importância da água para a vida em nosso planeta. Continue assim!

4) Você já aprendeu que as plantas que produzem sementes têm seis partes principais. Desenhe uma planta contendo todas essas partes e, ao lado de cada uma, escreva sua função.

5 Aponte corretamente o nome das estruturas do sistema respiratório.

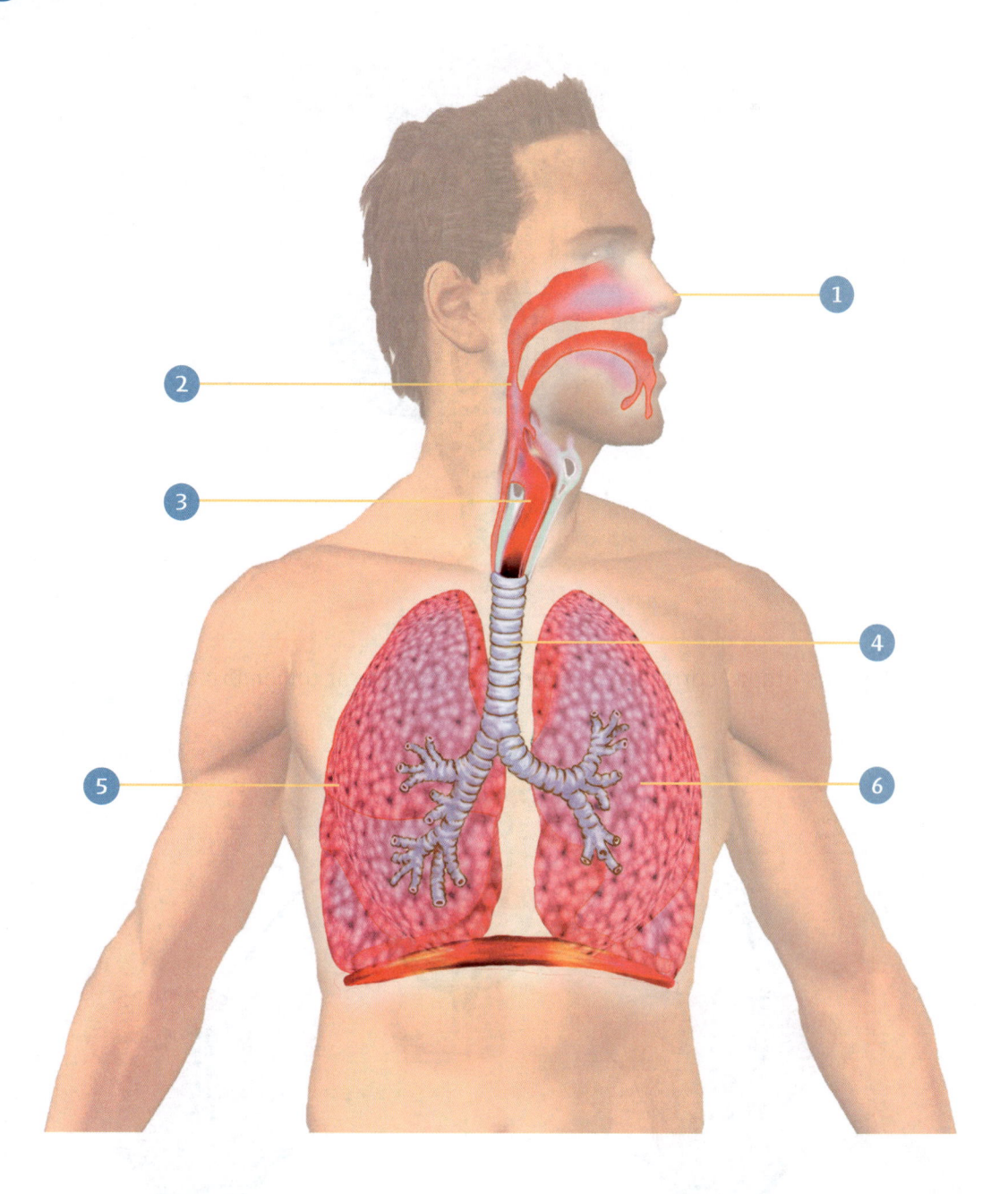

1. _____
2. _____
3. _____
4. _____
5. _____
6. _____

6 Aponte na flor a seguir as partes reprodutivas femininas e masculinas.

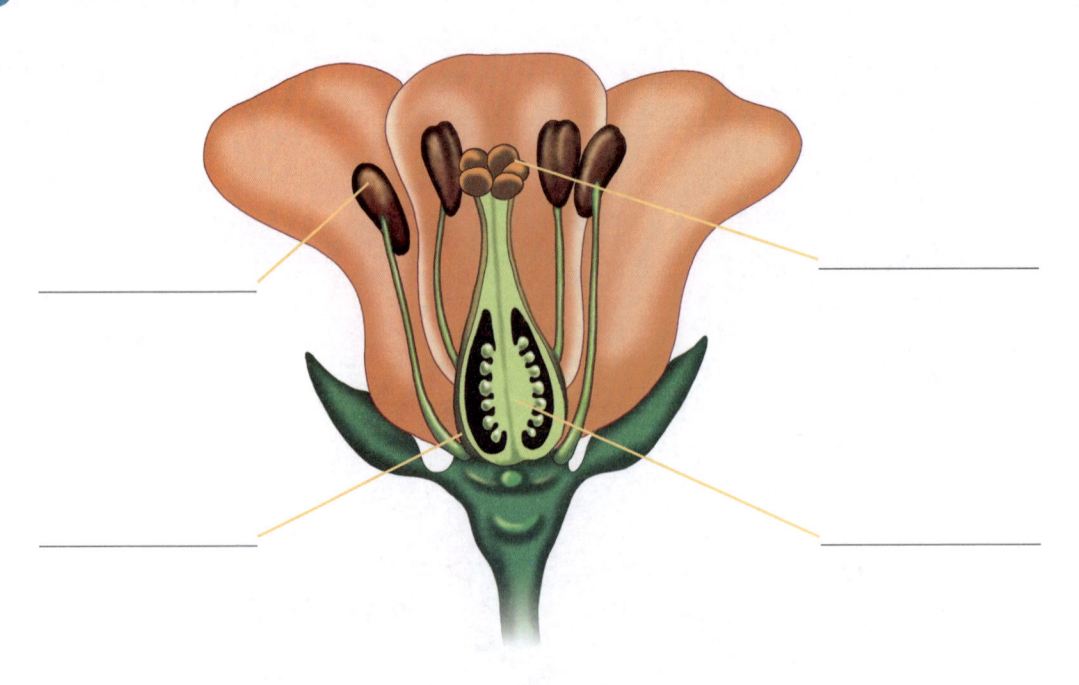

7 Indique as etapas corretas da fecundação para gerar um embrião.

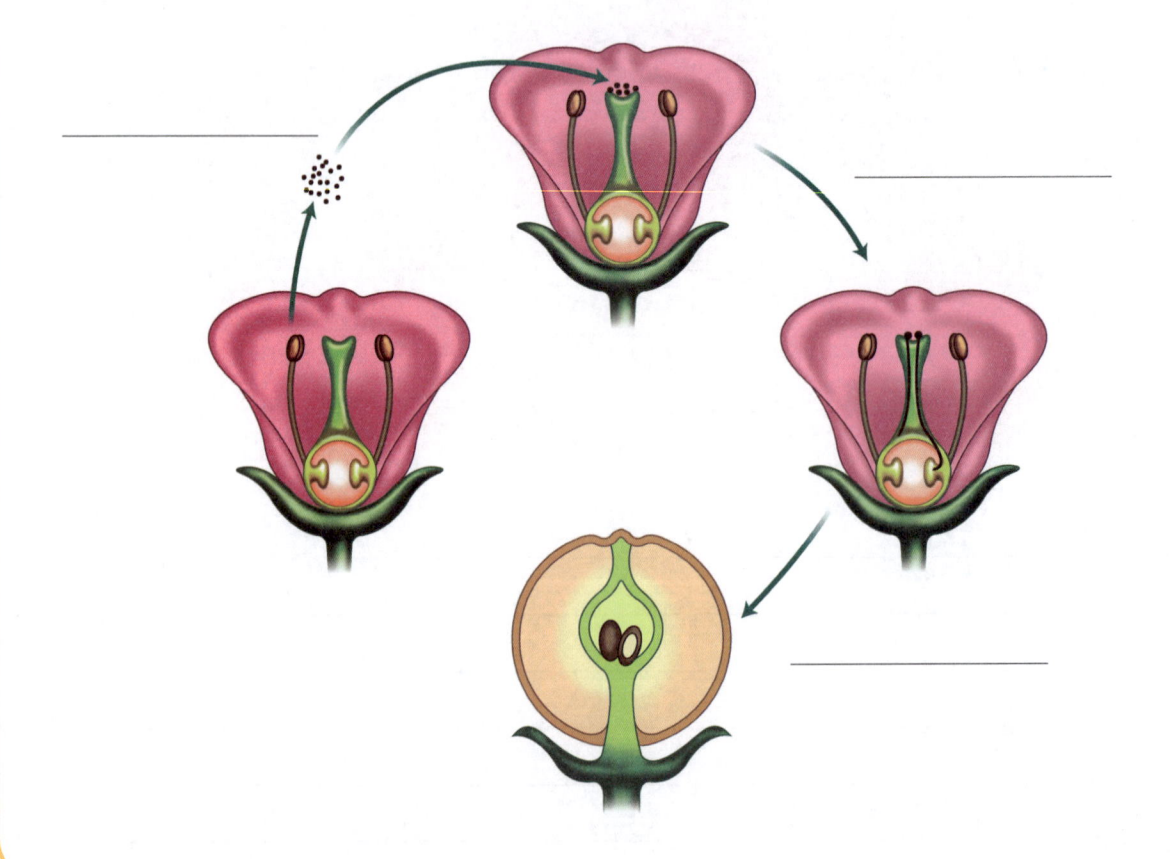

8) Encontre as respostas no diagrama de palavras e preencha as linhas em branco.

```
V U H N E D E N G U E F B J K J Ç P M N
Í D E V X S Q B C Z Ç L K N H O B F O T
R U S V V N N A H T Y U B V Z E M L O P
U O R C A P A C E T E F D C X L M N H T
S E Q A C U I O P M B F E S C H O P I A
F D E C V P A Z X E W M L K O E F D C V
P N B M B V Q U E M B V C Y Y I O P K M
B G V U I R A S K L G V C X Z R P K N M
I N D U I L O B A P L M N G A A Y T R A
N A M E B A Y R X J I L O P M B G D O S
F V E R M E J N O L H B D E T A Z C V C
E P Q U E I M A D U R A G F E D X C O A
C F T Y U N O P G U H N D L N O P M N R
C V F R S W Q B O P B N P V Í Ç O P D I
I V C X D E A Q Z M K L I H A I O G B D
O I N D E S C F Y U I O P Ç S L M N J Í
S I M U N I D A D E Y H N F E O I B G A
A G V F D S C B J N U I P K N H V U R S
S Ç E S C O R P I Ã O L F A F U Y T P E
```

a) Para prevenir acidentes, é recomendada uma série de medidas como o uso de equipamentos de segurança em determinadas situações. Ao andar de bicicleta e de skate use _____ e _____.

b) Quando evitamos o contato com fogões, botijão de gás, álcool, querosene, gasolina ou qualquer outro material inflamável previnimos acidentes com fogo que causam _____.

c) O _____ é um exemplo de animal peçonhento cuja substância tóxica pode ser injetada na vítima através de sua picada.

d) Doenças causadas por agentes biológicos são chamadas _____.

e) A _____ é a doença causada por um verme chamado lombriga.

f) Para prevenir a _____ é recomendado cozinhar bem a carne de porco ou de boi, antes de consumi-la.

g) A dengue é transmitida por um mosquito, mas é causada por um _____.

9 Marque: 1 = invertebrado; 2 = peixe; 3 = anfíbio; 4 = réptil; 5 = ave; 6 = mamífero.

▲ Guepardo. ☐

▲ Falcão-peregrino. ☐

▲ Morcego. ☐

▲ Tartaruga. ☐

▲ Minhoca. ☐

▲ Leão. ☐

▲ Sapo. ☐

▲ Borboleta. ☐

▲ Pacu. ☐

UNIDADE 1

O Universo

Lindo balão azul
Eu vivo sempre
No mundo da Lua
Porque sou um cientista
O meu papo é futurista
É lunático...
Eu vivo sempre
No mundo da Lua
Tenho alma de artista
Sou um gênio sonhador
E romântico...
Eu vivo sempre
No mundo da Lua
Porque sou aventureiro
Desde o meu primeiro passo
Pro infinito...
Eu vivo sempre
No mundo da Lua
Porque sou inteligente
Se você quer vir com a gente
Venha que será um barato.
Pegar carona
Nessa cauda de cometa
Ver a Via Láctea
Estrada tão bonita
Brincar de esconde-esconde
Numa nebulosa
Voltar pra casa
Nosso lindo balão azul....

Guilherme Arantes. Warner Chappell Edições Musicais Ltda. Todos os direitos reservados.

1. O Big Bang
(Ponto zero)

De acordo com a teoria do Big Bang ("grande explosão", em português), há cerca de 13,7 bilhões de anos deu-se início o Universo como conhecemos hoje. Tudo que nele existe se originou a partir de um ponto muito pequeno, denso e quente, que concentrava tudo o que viria a existir. Em determinado momento, esse ponto passou a se expandir, liberando imensa quantidade de energia e matéria. No princípio o Universo era muito quente e não havia luz.

2. Formação das galáxias
(500 milhões de
anos depois)

A gravidade, que é a força de atração mútua entre os corpos, fez os elementos que estavam espalhados se unirem e formarem massas de gás e poeira. Inúmeras dessas massas acumularam matéria suficiente para se tornarem estrelas e neste momento surgiu a luz. Bilhões de estrelas e outros astros formam conjuntos enormes que chamamos de galáxias espalhadas pelo Cosmo (mesmo que Universo).

3. Nossa galáxia e a formação do Sistema Solar (9 bilhões de anos depois)

A nossa galáxia se chama Via Láctea, ela tem bilhões de estrelas. Uma delas é o Sol, que é muito importante para toda a vida. A formação do Sol se deu ao mesmo tempo em que, ao seu redor, quantidades menores de matérias se fundiam e formavam os oito planetas que fazem parte do Sistema Solar, assim como todos os outros astros desse sistema. Esse processo deu origem inclusive à Terra, que era uma massa extremamente quente e com o tempo se esfriou. Logo após a atmosfera começou a se formar, assim como a crosta terrestre e os oceanos, compondo o planeta como o conhecemos hoje.

4. O Universo atualmente (13,7 bilhões de anos depois)

Depois daquela explosão inicial (Big Bang), o Universo continuou em expansão. Não se sabe se esse movimento permanecerá eternamente ou se algum dia se interromperá. Os astrônomos estudam continuamente o Cosmo para tentar responder a essa e a outras perguntas.

17

ATIVIDADES

1 Descreva com suas palavras como surgiu o Universo de acordo com a teoria do Big Bang.

_____
_____
_____
_____
_____

2 Numere as imagens a seguir a fim de representar a sequência das etapas de formação do Universo.

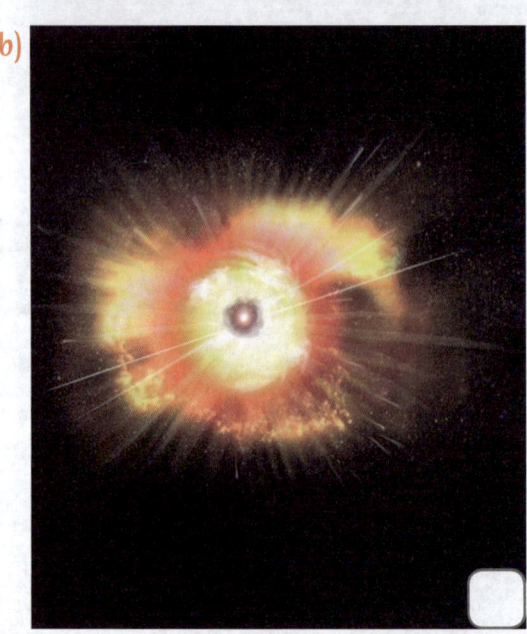

a)

c)

b)

d)

A Via Láctea

A Via Láctea é a galáxia onde se encontra a Terra. Seu formato é espiral, como quase todas as outras galáxias jovens, e nela há um aglomerado imenso de astros; entre eles, cerca de 200 bilhões de estrelas. Essa galáxia não é a única, existem muitas outras espalhadas pelo Universo. Algumas delas relativamente tão próximas da Via Láctea, que são chamadas de galáxias-satélites.

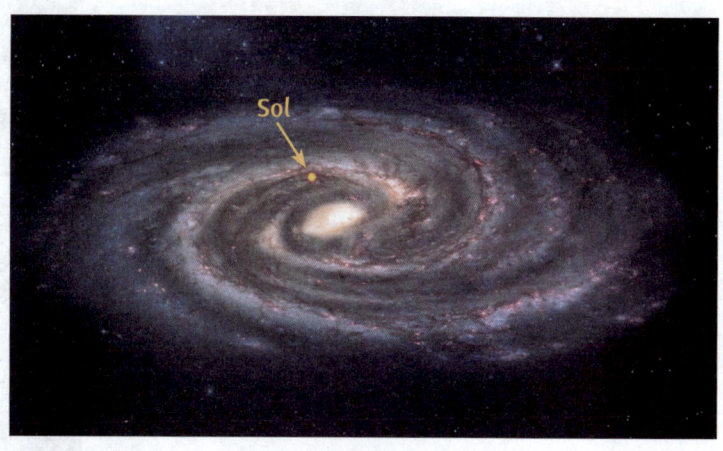

▲ A Via Láctea apresenta o formato espiral. A seta indica onde, aproximadamente, se localiza nosso Sistema Solar.

◄ Uma das galáxias mais próxima da Terra é a Grande Nuvem de Magalhães. Ela é chamada de galáxia-satélite, pois orbita a Via Láctea.

SAIBA MAIS

Antigamente, não havia aparelhos como telescópios e satélites espaciais para observações detalhadas dos astros, portanto o conhecimento provinha da observação do céu a olho nu. Assim, a Via Láctea era vista como uma faixa branca formada pela luz proveniente dos bilhões de estrelas que a constituem. Daí seu nome, que significa "caminho leitoso".

Nas noites de céu limpo e longe das luzes das cidades, é possível observar a Via Láctea a olho nu. Pode-se vê-la como uma longa faixa esbranquiçada no céu.

ATIVIDADES

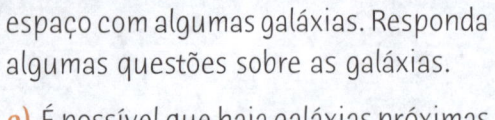

1 A imagem ao lado mostra uma região do espaço com algumas galáxias. Responda algumas questões sobre as galáxias.

a) É possível que haja galáxias próximas umas às outras?

_____
_____

b) Qual é o formato da maioria das galáxias jovens?

_____
_____

c) Cite o nome de uma galáxia próxima da Via Láctea? Por que ela é chamada de galáxia-satélite?

_____
_____

2 Faça as contas e marque com um **X** o item que indica corretamente a quantidade aproximada de estrelas em nossa galáxia.

a) ☐
$$\begin{array}{r} 133 \\ +57 \\ \hline \end{array}$$
_____ bilhões

c) ☐
$$\begin{array}{r} 290 \\ -91 \\ \hline \end{array}$$
_____ bilhões

b) ☐ 1000 ⌐ 5
_____ bilhões

d) ☐
$$\begin{array}{r} 70 \\ \times3 \\ \hline \end{array}$$
_____ bilhões

3 A imagem representa que ponto do conteúdo estudado?

_____
_____
_____
_____

Estrelas e nebulosas

Você sabe o que é uma estrela? **Estrelas** são astros luminosos, ou seja, que têm luz própria, assim como o Sol. Um agrupamento de estrelas é denominado **constelação**.

As estrelas nascem da concentração de matéria em grandes nuvens que contêm gás e poeira. Durante a formação de uma estrela esses materiais são arrastados para seu centro, constituindo uma massa cada vez maior e mais quente. Assim, a parte central da estrela concentra altíssima quantidade de energia. Isso faz que ela produza sua própria luz.

▲ Da Terra podemos observar diversas estrelas que estão localizadas a grande distância no Universo.

O processo de formação de uma estrela pode muitas vezes liberar material no espaço, o que dará origem a planetas e outros astros.

▲ Grandes nuvens de poeira cósmica da Nebulosa da Águia foram fotografadas pela Nasa; elas receberam o nome de Pilares da Criação.

As estrelas geralmente se originam de **nebulosas**, que são áreas que concentram gás e poeira. Elas também podem se formar da colisão entre duas galáxias, o que libera imensas nuvens de gás e poeira. Seu brilho pode durar milhões ou até bilhões de anos e seu tamanho permanece praticamente o mesmo. Esse tempo varia de uma estrela para outra. Estima-se que o Sol, que atualmente tem cerca de 4,8 bilhões de anos, possa existir ainda por cerca de 10 bilhões de anos.

Quanto maior a estrela, menor será seu tempo de existência.

Em noites de céu limpo, a Nebulosa de Órion, ▶ uma região importante de formação de estrelas, pode ser vista da Terra a olho nu.

As estrelas também morrem

Quando o núcleo de uma estrela deixa de produzir energia, ela começa a desaparecer. Isso ocorre de diversas maneiras. Em alguns casos ela começa a se desfazer, forma uma nebulosa planetária e aos poucos se esfria. Acredita-se que será isso o que ocorrerá com o Sol.

No entanto, as estrelas muito grandes podem explodir, expulsando violentamente a camada mais externa e dando origem a uma **supernova**. Nesse caso, o núcleo da estrela é mantido. A explosão de estrelas gigantes pode dar origem aos chamados **buracos negros**, que são regiões que atraem com muita intensidade os corpos a seu redor, até mesmo a luz, e por isso são considerados verdadeiros "ralos" do espaço. No centro da Via Láctea há um gigantesco buraco negro, que está a aproximadamente 27 mil anos-luz distante da Terra. Mas podemos ficar tranquilos, pois isso é muito, muito longe.

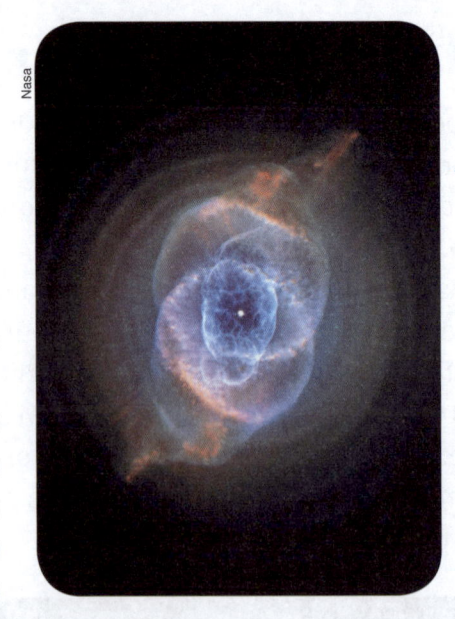

◀ As nebulosas planetárias são formadas após o desaparecimento de estrelas que apresentam pouca massa e são uns dos mais belos elementos que se observam no Universo.

◀ As supernovas se formam da explosão de uma estrela. Nesta imagem vê-se a Nebulosa de Caranguejo.

SAIBA MAIS

O ano-luz

Para distâncias gigantescas o quilômetro não é adequado para medi-las, então usa-se o ano-luz. Essa medida é a distância percorrida pela luz em um ano. A luz viaja a uma velocidade de 300 mil quilômetros por segundo (nada viaja mais rápido do que ela). Ora, se ela percorre essa distância em 1 segundo, que distância percorreria em 1 minuto (60 segundos)? Em 1 hora? Em 24 horas (um dia)? Em 365 dias (um ano)? Por fim, fazendo as contas sabe-se que em um ano a luz percorre 9,46 trilhões de quilômetros – esse é o valor do ano-luz.

Para distâncias gigantescas, a solução é usar a medida ano-luz.

Grandes distâncias, grandes tamanhos

Nem todas as estrelas que estão no céu podem ser vistas. Algumas estão a uma distância tão grande que sua luz não chega até nós. A estrela mais próxima do Sistema Solar é a Alfa Centauro, que está a uma distância de 4,3 anos-luz. Mas há estrelas mais distantes, como Antares, que se encontra a 550 anos-luz. Antares está na Constelação de Escorpião, e, apesar da distância, pode ser vista da Terra, porque ela é 800 vezes maior que o Sol.

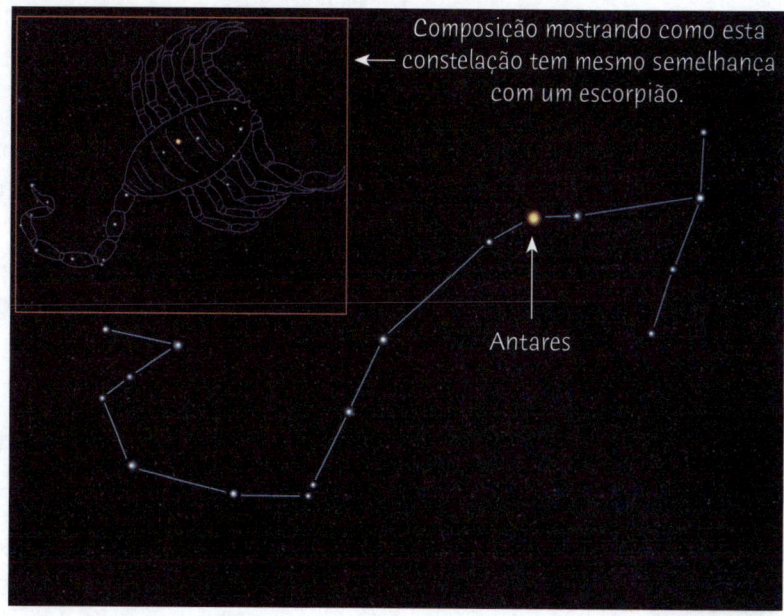

Composição mostrando como esta constelação tem mesmo semelhança com um escorpião.

Antares

▲ Constelação de Escorpião.

ATIVIDADES

1) Responda às questões a seguir no caderno.

    a) É verdade que, quando não produzir mais energia, o Sol se transformará em uma supernova?

    b) De onde surgem as estrelas?

    c) Por que podemos considerar os buracos negros como "ralos" do universo?

    d) Por que usamos a medida ano-luz em vez de usar medidas que estamos acostumados, por exemplo o quilômetro?

2) Marque com um **X** as alternativas corretas.

    a) ☐ Quanto maior a estrela, maior seu tempo de vida.

    b) ☐ Apenas as menores estrelas se transformam em buracos negros.

    c) ☐ O processo de surgimento de estrelas pode dar origem a planetas.

    d) ☐ O Sol é a maior estrela do Universo.

    e) ☐ Existem algumas estrelas que não podemos ver a olho nu.

3) Ligue as palavras às definições dos corpos celestes.

a) galáxia — Nuvem de poeira e gás, na qual geralmente se formam as estrelas.

b) estrela — Corpo formado após a violenta explosão de uma estrela muito grande.

c) nebulosa — Galáxia em que se encontra a Terra.

d) Via Láctea — Astro que apresenta luz própria.

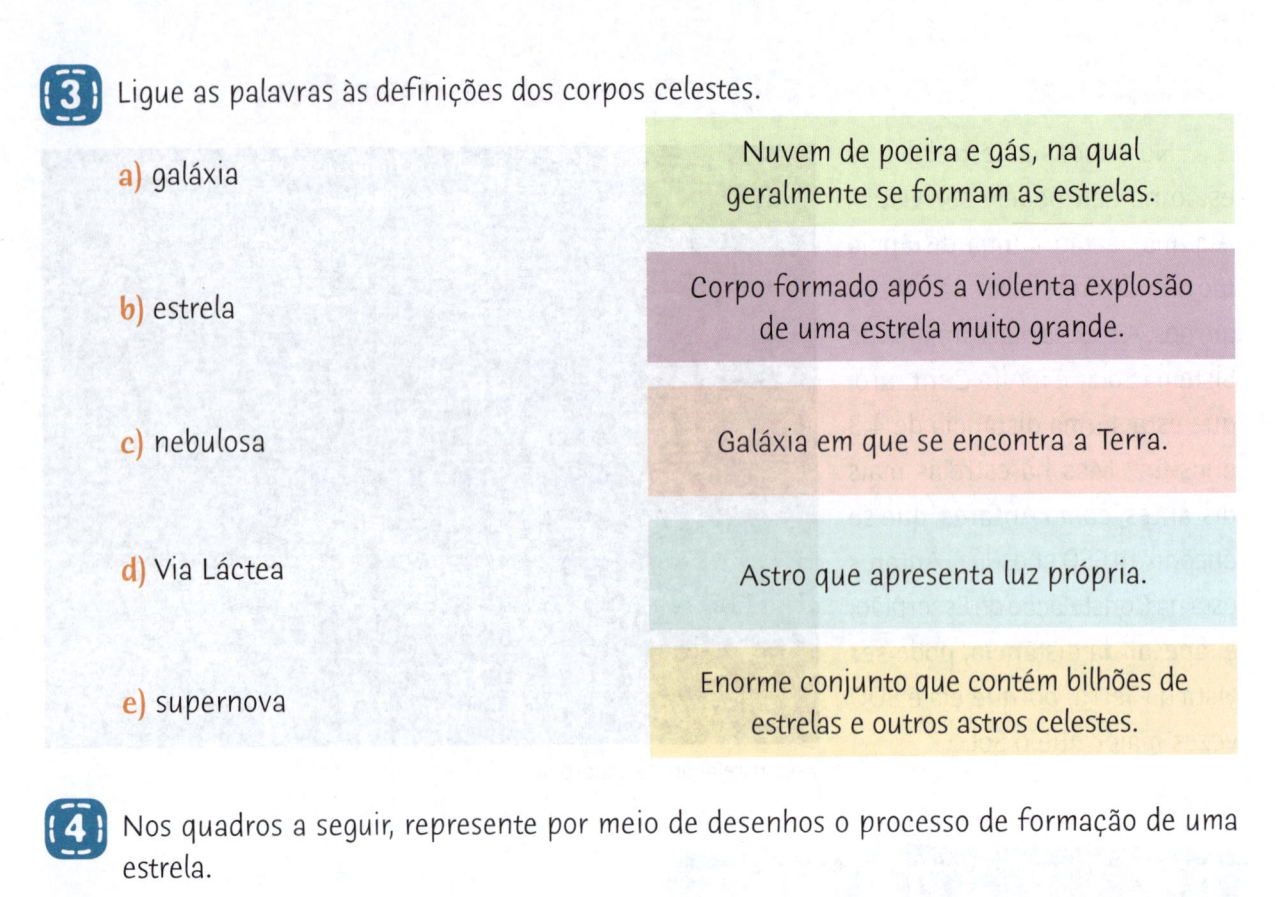

e) supernova — Enorme conjunto que contém bilhões de estrelas e outros astros celestes.

4) Nos quadros a seguir, represente por meio de desenhos o processo de formação de uma estrela.

1	2	3

5) Quanto tempo leva para chegar à Terra a luz de uma estrela localizada a uma distância de 13 anos-luz?

_____

O Sistema Solar

O Sistema Solar é formado por um conjunto de astros. O Sol, que é uma estrela, é o maior astro do Sistema Solar e fica em seu centro. Ao redor do Sol giram outros astros, como os planetas. O Sistema Solar está sempre em movimento. O Sol se movimenta e, com ele, se movimentam os demais astros.

Os **planetas** são astros que não têm luz própria, eles são iluminados pelo Sol. O Sistema Solar apresenta oito planetas: Mercúrio, Vênus, Terra, Marte, Júpiter, Saturno, Urano e Netuno.

Além dos planetas, os demais astros, como os satélites, os cometas e os asteroides, também recebem a luz solar.

▲ Representação do Sistema Solar que mostra o Sol e os planetas com tamanhos comparativos.

Os astros do Sistema Solar

O Sol

O **Sol** emite energia luminosa em todas as direções e ilumina todos os outros astros do Sistema Solar.

Os planetas que pertencem ao Sistema Solar têm diferentes tamanhos. Cada um desses planetas se localiza em uma **órbita** diferente ao redor do Sol.

> **Órbita:** trajetória que um astro celeste desenvolve ao redor de outro.

25

Mercúrio

Mercúrio é o planeta mais próximo do Sol. Ele apresenta o menor tamanho: 4,9 mil quilômetros de diâmetro. É rochoso e repleto de crateras parecidas com as da Lua. Ele não tem satélites; seus dias são muito quentes e suas noites, muito frias.

Mercúrio. ▶

Vênus

Segundo planeta tendo como referência o Sol, Vênus é rochoso e apresenta uma atmosfera muito **espessa**, que retém calor. Considerado o planeta mais quente do Sistema Solar, pois sua temperatura pode chegar a 400 °C mesmo à noite, Vênus não apresenta satélites.

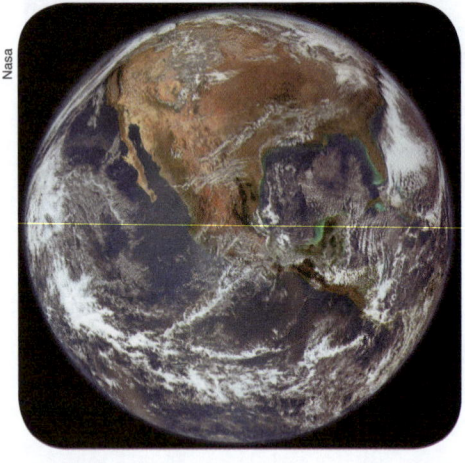

▲ Vênus.

Terra

Tendo como referência o Sol, a Terra é o terceiro planeta. De característica rochosa, apresenta atmosfera menos **espessa** e bem diferente da atmosfera de Vênus. Até onde se conhece, é o único planeta do Universo em que há vida e água líquida em abundância. Tem apenas um satélite: a Lua.

Espessa: grossa; densa.

▲ Terra.

Marte

Quarto na sequência dos planetas, Marte é rochoso, tem dois satélites e forte brilho avermelhado. Foi encontrada água congelada e vapor de água na superfície do planeta, mas não foi descoberta nenhuma forma de vida, como microrganismos por exemplo.

Marte. ▶

▲ Júpiter.

Júpiter

É o maior planeta do Sistema Solar e o quinto tendo como referência o Sol. Se fosse oco, caberiam mais de 1300 planetas como a Terra em seu interior. A maior parte de Júpiter é formada por gases, por isso ele é chamado de planeta gasoso. Apresenta mais de 60 satélites.

Saturno

O sexto planeta em relação ao Sol é o segundo maior planeta do Sistema Solar. Saturno também é um planeta gasoso. Até hoje já foram descobertos mais de 50 satélites e diversos anéis muito brilhantes que giram a seu redor. Esses anéis são formados por fragmentos de rochas e gelo.

▲ Saturno.

Urano

Este é o sétimo planeta. Está tão longe da Terra que não é possível observá-lo sem o auxílio de um telescópio. É um planeta gasoso, apresenta 27 satélites e vários anéis formados por gelo e rochas que giram a seu redor.

Urano. ▶

▲ Netuno.

Netuno

É um planeta gasoso, tem 13 satélites e alguns anéis pouco brilhantes. É o último planeta do Sistema Solar tendo como referência o Sol. Não é possível observá-lo da Terra a olho nu. Por estar tão distante do Sol, sua temperatura média é congelante: 200 °C negativos!

SAIBA MAIS

Você sabe o que é um planeta-anão?

Planeta-anão é um corpo celeste muito semelhante a um planeta, pois também orbita o Sol e apresenta o formato arredondado. Mas, por ser muito pequeno, não é considerado um planeta.

Até 2006, Plutão era tido como o nono planeta do Sistema Solar. Mas, por não ser grande o suficiente, passou para a categoria de um planeta-anão.

Atualmente, são conhecidos três planetas-anões no Sistema Solar: Plutão, Éris e Ceres.

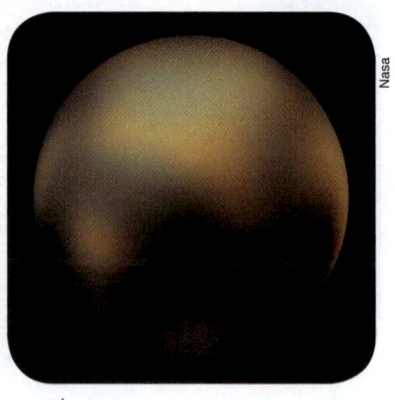

▲ Plutão.

Pequenos corpos do Sistema Solar

▲ Asteroide.

Além de uma estrela, dos oito planetas e seus satélites e dos planetas-anões, existem outros pequenos astros que se movimentam no Sistema Solar. São os asteroides, os meteoroides e os cometas.

Os **asteroides** são fragmentos de rochas que têm a mesma origem dos planetas. No entanto, eles são menores e apresentam formatos irregulares. Em sua maioria, localizam-se entre os planetas Marte e Júpiter, na região conhecida como **Cinturão de Asteroides**, onde milhares de asteroides giram ao redor do Sol.

Semelhantes aos asteroides, os **meteoroides** são rochosos, mas muito menores. Girando ao redor do Sol, por vezes passam perto da Terra, quando são atraídos por ela e atravessam a atmosfera em alta velocidade. Em razão disso, aquecem-se, o que faz com que emitam luz. O meteoroide passa então a se chamar **meteoro** ou, popularmente, "estrela cadente". Se parte do meteoro atingir o solo, então ele passa a se denominar **meteorito**.

Meteoro ► ou "estrela cadente".

◄ Este meteorito, no deserto da Namíbia, é um dos maiores já encontrados.

Cometa. ►

Os **cometas** são astros pequenos, formados principalmente por gelo e poeira. Ao passar perto do Sol, aquecem-se, e parte de seu núcleo gelado se transforma em gases incandescentes, que formam longas caudas.

ATIVIDADES

1) Pinte os espaços correspondentes aos corpos celestes encontrados no Sistema Solar.

a) planetas	d) asteroides
b) sol	e) nebulosas
c) galáxias	f) satélites

2) A professora ditou a lição para a classe, mas Tiago perdeu algumas palavras. Vamos ajudá-lo completando o texto.

a) O maior planeta do Sistema Solar é _____. Já o menor planeta é _____. _____ é o planeta mais quente. Água já foi encontrada no planeta _____, mas apenas nos estados sólido e gasoso.

b) Quanto à distância, o último da fila é _____, o penúltimo é _____.

c) A _____ é o único planeta, de que se tem conhecimento, em que há vida. No entanto não tem anéis a seu redor como _____, os quais são muito brilhantes.

3) Qual é a principal diferença entre um planeta e um satélite.
_____
_____

4) Relacione o nome dos planetas gasosos do Sistema Solar.
_____

5) Identifique a definição de cada tipo de astro relacionando as colunas.

a) planeta

b) satélite

c) asteroide

d) meteoroide

e) meteorito

f) cometa

☐ Gira ao redor de um planeta.

☐ Formado por gelo e poeira, tem cauda.

☐ Menor que um asteroide, gira ao redor do Sol.

☐ Gira ao redor do Sol e tem o formato quase esférico.

☐ Formado por fragmentos de rocha, gira ao redor do Sol e tem formato irregular.

☐ Parte de um meteoro que atinge a Terra.

SAIBA MAIS

O primeiro ser humano a viajar no espaço foi o astronauta russo Yuri Gagarin, em 12 de abril de 1961. A nave Vostok-1 em que ele se encontrava deu uma volta ao redor da Terra. Ao ver o planeta à distância, ele proferiu a famosa frase: "A Terra é azul".

Depois dele, outras naves espaciais foram lançadas no espaço. A mais importante delas foi a Apollo 11, a primeira a pousar na Lua. Isso ocorreu em 20 de julho de 1969. Foi quando o primeiro ser humano pisou na Lua.

▲ Yuri Gagarin.

Os astronautas norte-americanos Neil Armstrong, Michael Collins e Edwin Aldrin partiram da Terra na nave Apollo 11. Esse marco na história humana foi acompanhado por milhões de pessoas por transmissão televisiva.

Os astronautas permaneceram em solo lunar cerca de duas horas e coletaram diversos materiais, como pedras e pó, além de instalar vários aparelhos que continuamente recolheriam informações daquele ambiente. Depois, outras naves tripuladas foram lançadas para explorar a Lua e outras partes do Universo.

▲ Apollo 11 em sua base de lançamento.

▶ Astronauta Edwin Aldrin caminha na Lua, em 1969. A seu lado está o módulo lunar Águia. Foi com ele que eles pousaram na Lua.

O Brasil tem algum tipo de participação na exploração espacial? A resposta é sim. Em 1965, o Brasil inaugurou sua primeira base espacial no Rio Grande do Norte e depois criou órgãos especializados no estudo do Universo, como o Instituto Nacional de Pesquisas Espaciais (Inpe) e promoveu o lançamento de satélites artificiais de estudo.

Em 2006, Marcos Pontes foi o primeiro astronauta brasileiro e sul-americano a participar de uma missão tripulada ao espaço. Ele chegou na Estação Espacial Internacional, levando oito experimentos científicos brasileiros que deveriam ser realizados nas condições de baixa gravidade da estação.

A missão foi realizada com sucesso e teve a duração de dez dias: dois dias no interior da nave e oito, na estação espacial.

▲ Astronauta Marcos Pontes.

▲ Sempre houve muitos robôs nos filmes de ficção científica, como o R2-D2 e o C-3PO, do filme *Guerra nas Estrelas*. No entanto eles existem de verdade. Dois robôs gêmeos, Opportunity e Spirit, por exemplo, chegaram, em 2004, a Marte para pesquisar este planeta. Veja imagens dessa missão em: <www.tecnoclasta.com/2011/08/11/rover-opportunity-continua-sua-missao-em-marte/>. Acesso em fev. 2012.

ATIVIDADE

1) Marque um **X** nas alternativas corretas.

a) ☐ Planetas são astros que têm luz própria e iluminam o Sol.

b) ☐ Plutão não é considerado um planeta por ser muito grande.

c) ☐ Asteroides têm a mesma origem dos planetas.

d) ☐ Existe água em forma congelada e de vapor em Marte.

e) ☐ Mercúrio é o planeta mais quente do Sistema Solar, pois está mais perto do Sol.

f) ☐ Os planetas são os únicos astros que recebem luz solar.

g) ☐ Estrela cadente é o nome popular que damos aos cometas.

BRINCANDO

1 A nave robótica Voyager 2 foi lançada em 1977 na Flórida, nos Estados Unidos, para colher informações de quatro planetas do Sistema Solar: Júpiter, Saturno, Urano e Netuno. No labirinto a seguir, faça essa nave chegar a Netuno, partindo de Mercúrio e passando na ordem correta por todos os astros que se encontram entre eles.

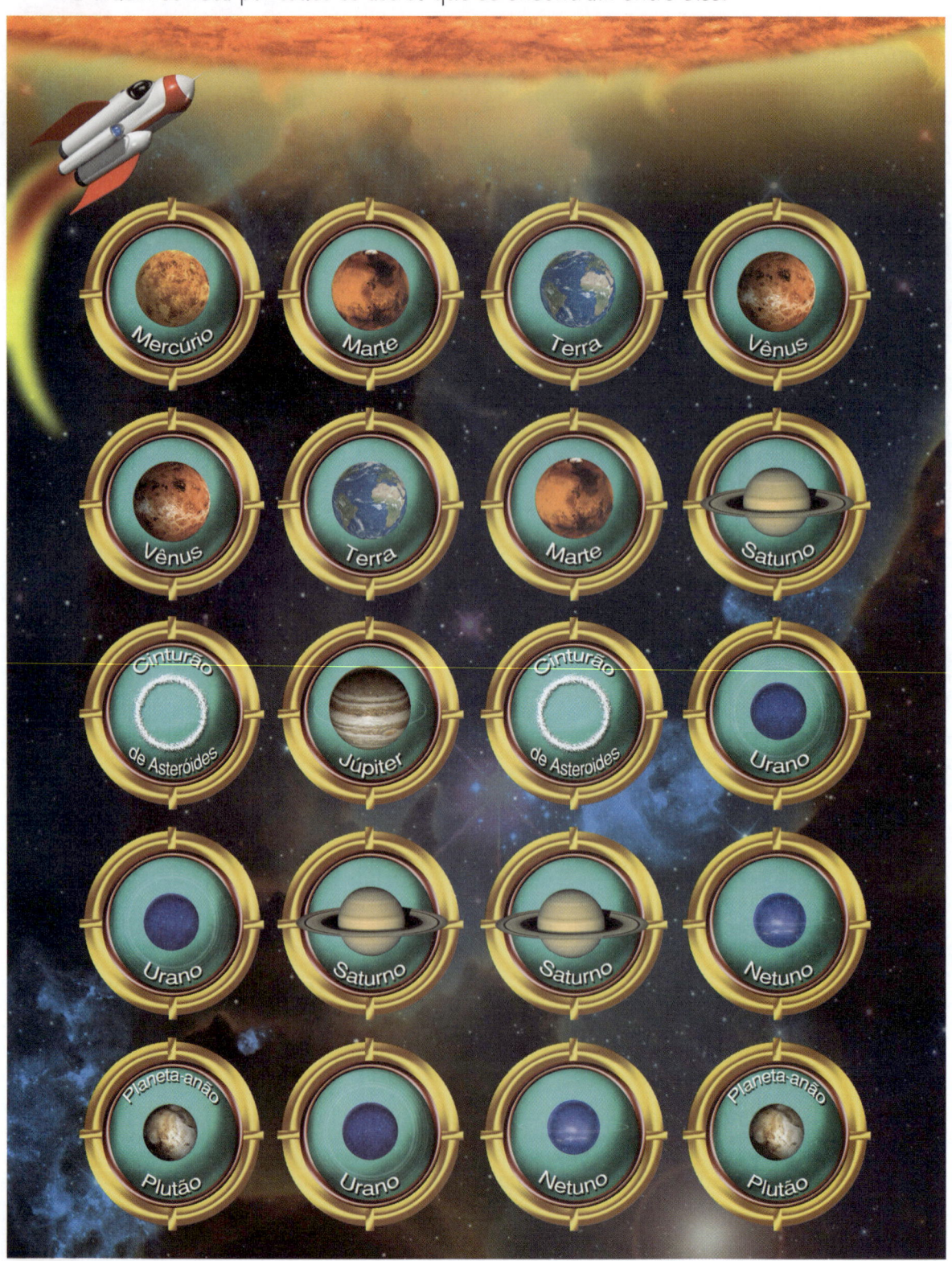

UNIDADE 2
A água

O mundo da água

- Além de encontrá-la no mar, onde mais há água na Terra?
- Você sabe dizer por que a água do mar não acaba?
- Nós podemos beber a água do mar?
- A água do mar é líquida. Em quais outras formas podemos encontrar a água na natureza?

A maior parte do planeta Terra é formado por água. Podemos encontrar água nos oceanos, nos mares, nos rios e nos lagos. A água também pode estar em locais não tão evidentes, como nas geleiras, na atmosfera, no subsolo e até mesmo no organismo dos seres vivos.

É uma substância essencial — sem a água não haveria vida na Terra. Os seres vivos utilizam a água para realizar uma série de atividades vitais. Por isso ela é um recurso natural de valor econômico, estratégico e social, essencial à existência e ao bem-estar do ser humano.

Puxa, é difícil imaginar que há água em todos esses lugares além daqui!

▲ Podemos encontrar água nos rios, nas cachoeiras, nas nuvens, nas geleiras e até mesmo no corpo dos seres vivos, como no corpo desta água-viva, cujo organismo é constituído quase totalmente por água.

A imagem a seguir apresenta mais alguns locais do planeta Terra em que se pode encontrar água.

Água da neve
Aqui a água está em estado sólido. As neves se formam no Polo Sul e no Polo Norte e em regiões de grande altitude. Costuma também nevar no inverno em regiões de clima temperado.

Água em cristais de gelo
As nuvens são formadas por vapor de água que se tornou líquido (gotícula) ou sólido (cristais de gelo).

Água da chuva
A água que evapora da superfície terrestre vai para a atmosfera em forma de vapor, e não é visível. Quando o ar se torna saturado de umidade, ele volta ao estado líquido e se precipita em forma de chuva.

Água dos rios
As águas dos rios e dos lagos são as que geralmente o ser humano faz uso para suas atividades diárias, como beber, cozinhar, lavar, na irrigação de plantações etc. Apesar da enorme importância, essas reservas são as que têm sofrido com a depredação ambiental.

Água do subsolo
As água subterrâneas são as águas que se infiltram no solo e ficam armazenadas sobre rochas impermeáveis. O Brasil é muito rico neste tipo de reserva, mas ela também vem sendo ameaçada pela poluição, uso indiscriminado e contaminação por agrotóxicos.

Água do mar
No mar a água é salgada e não apresenta as mesmas vantagens de uso que a água doce para a espécie humana. Entretanto, é a maior reserva líquida do planeta e mantém o clima da Terra estável, pois a presença de grande quantidade de água evita drásticas mudanças de temperatura. Nos oceanos também vivem inúmeras espécies de seres vivos.

A distribuição da água no planeta

Você sabe por que a Terra é conhecida como planeta azul?

A maior parte da Terra é formada por água. Para se ter uma ideia, a água ocupa 70% da superfície terrestre. Se a superfície da Terra fosse dividida em 100 partes iguais, 70 partes seriam de água e apenas 30 partes, de terra.

Mas, apesar de toda essa abundância, nem toda água do planeta pode ser consumida pelos seres humanos. Imagine que você esteja no meio do oceano, rodeado apenas por água do mar. Se seu suprimento de água doce acabasse, você poderia beber a água salgada do mar para matar a sede? Claro que não! Ela lhe faria muito mal!

Cerca de 97% da água da Terra compõe-se de águas salgadas, que formam os mares e os oceanos. A água doce, encontrada em rios, lagos e no subsolo, representa apenas cerca de 3% do total da água do planeta. No entanto, nem toda a água doce pode ser consumida pelos seres humanos. Grande parte encontra-se congelada ou em locais que dificultam sua obtenção. Apenas cerca de 0,3% da água doce encontra-se disponível para consumo.

SAIBA MAIS

Você sabia que é muito difícil encontrar na natureza água totalmente pura? O que normalmente se encontra é uma mistura predominantemente formada por água pura, mas que contém também outras substâncias dissolvidas, em geral, sais minerais. A água dos mares e oceanos, a água salgada, apresenta quantidade bem maior desses sais dissolvidos do que a água doce.

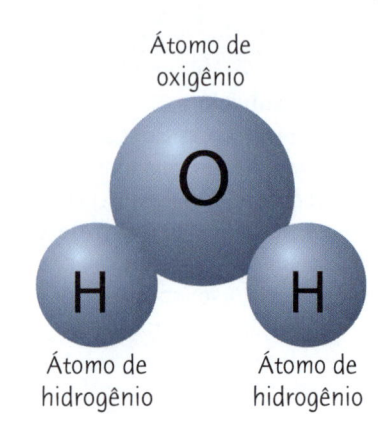

A água pura é formada por moléculas de água, compostas por dois átomos de hidrogênio e um de oxigênio. Uma molécula de água é representada pela seguinte fórmula: H_2O.

ATIVIDADES

1 Defina com suas palavras por que a água é essencial para os seres vivos.

_____

_____

2 Analise a imagem a seguir e escreva em cada caixa de texto de que forma a água se apresenta. Trace uma linha ligando a palavra ao local correspondente na imagem.

3 Os gráficos costumam ser acompanhados de legendas, que explicam as cores usadas neles. Seguindo a legenda abaixo, pinte o gráfico de acordo com a matéria estudada.

Legenda

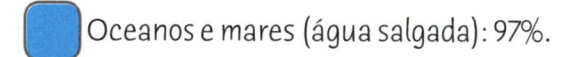

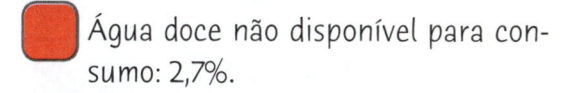

▢ Oceanos e mares (água salgada): 97%.

▢ Água doce não disponível para consumo: 2,7%.

▢ Água doce para consumo: 0,3%.

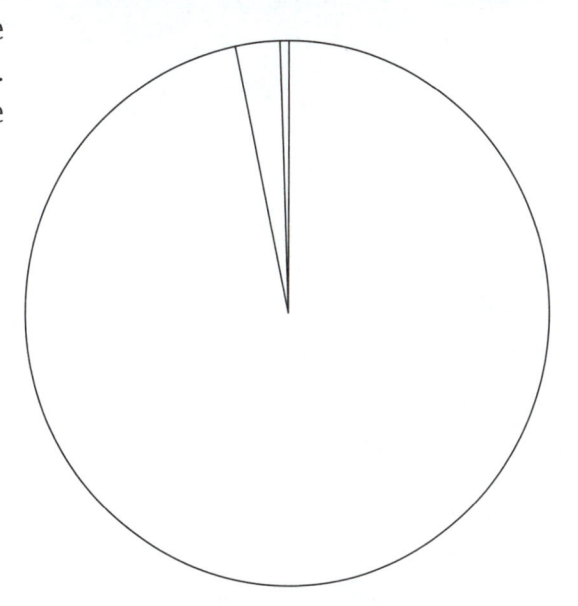

Ciclo da água

A água apresenta-se em constante movimento no planeta. Na natureza, ela se desloca de um lugar para o outro, como da atmosfera para a superfície terrestre e da superfície para os canais subterrâneos.

Do mesmo modo, ela se transforma continuamente de um estado físico para o outro, por exemplo, do estado líquido para o gasoso. Esse movimento constante da água no planeta recebe o nome de **ciclo da água**.

Uma das principais formas de movimento da água se dá pela evaporação nos corpos d'água, como rios, lagos, mares e oceanos.

Também ocorre evaporação pela transpiração dos seres vivos, como animais e plantas. Essa mudança do estado líquido para o estado de vapor d'água ocorre principalmente pela ação do calor e dos ventos.

Os vapores de água se elevam e, quando entram nas camadas mais altas, e mais frias, da atmosfera, resfriam. Esse resfriamento pode fazer com que a água volte a seu estado líquido, formando as gotas das chuvas; pode também formar cristais de gelo unidos gerando as nuvens; e podem formar cristais de gelo que caem em forma de neve, o que ocorre nas regiões de clima frio.

Importante! A água que cai na superfície, seja em forma de chuva ou de neve, é a mesma que se evaporou anteriormente, mantendo, assim, o ciclo.

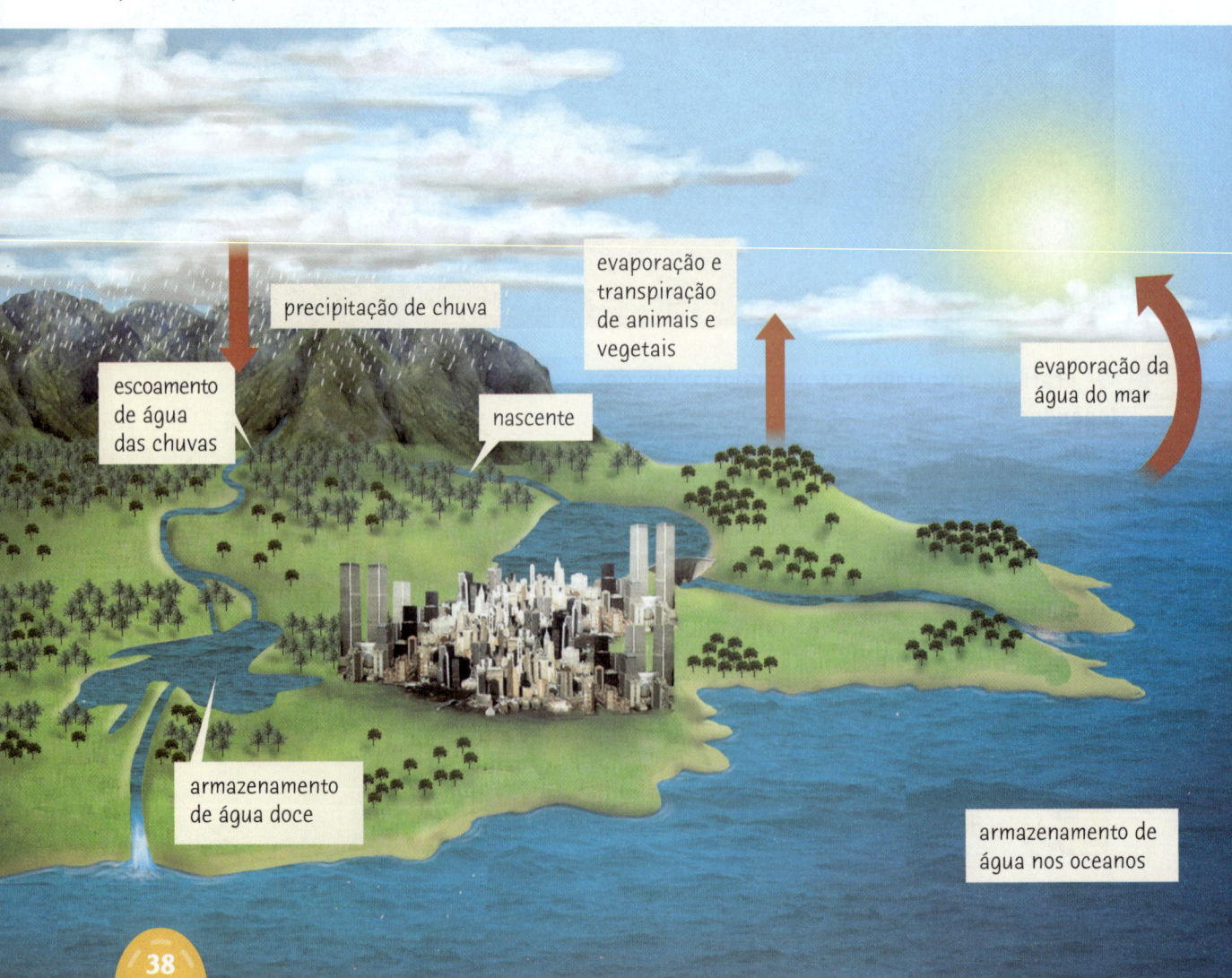

Como toda essa água foi parar lá no céu?

- escoamento de água das chuvas
- precipitação de chuva
- nascente
- evaporação e transpiração de animais e vegetais
- evaporação da água do mar
- armazenamento de água doce
- armazenamento de água nos oceanos

Uma parte da água que cai no solo torna a evaporar; outra parte escorre para os rios e os mares. Ao atingir um solo **permeável**, a água se infiltra até encontrar uma camada de rochas **impermeável**, onde se acumula nos chamados lençóis de água subterrâneos. O ciclo da água faz esse recurso reciclar-se continuamente.

> **Impermeável**: corpo que não permite que o outro passe com facilidade.
> **Permeável**: corpo que deixa passar outro corpo por entre seus poros. Exemplo: a água (corpo) pode passar pelo solo (outro corpo).

Tratamento da água

Para que a água esteja apropriada para o consumo, ela precisa passar pelas estações de tratamento, que realizam processos específicos para eliminar microrganismos causadores de doenças, sujeiras e substâncias tóxicas. Nas estações, a água captada dos rios, das lagoas, dos lagos etc. passa por várias etapas de purificação até atingir boas condições e poder ser distribuída para o consumo da população. Veja o esquema de uma estação de tratamento de água.

1. **Recolhimento da água** – a água, vinda de uma represa ou de um rio (limpo), vai para estação de tratamento, onde atravessa uma grade que impede a passagem de impurezas maiores, como pedaços de madeira, folhas etc.

2. **Pré-cloração** – a água recebe o cloro, substância que elimina microrganismos, algas e outras substâncias orgânicas, para realizar a desinfecção inicial.

3. **Floculação** – a água recebe o sulfato de alumínio, substância que faz as partículas de impurezas ainda presentes na água se juntarem, formando pequenos flocos.

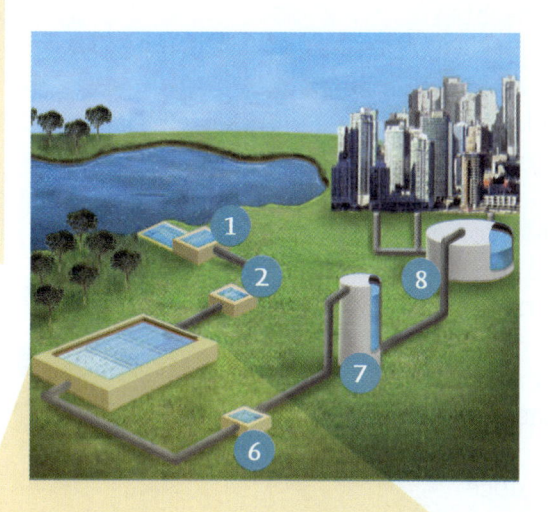

8. **Distribuição** – Dos reservatórios, a água vai para tubulações maiores e depois distribuída à população e às indústrias.

7. **Reservatório** – Após o tratamento, a água tratada é armazenada em reservatórios de bairros.

6. **Cloração e fluoretação** – nessa etapa a água é desinfetada. Ela recebe mais cloro, porém em pequenas quantidades, para garantir a eliminação de todos os microrganismos. Em muitas cidades, também é misturado flúor à água, para prevenir o surgimento de cáries dentárias na população.

4. **Decantação** – os flocos de impureza, por serem mais pesados, depositam-se no fundo do tanque. A água da superfície, que está mais limpa, é transportada para o próximo tanque.

5. **Filtração** – a água passa por várias camadas filtrantes, que seguram as partículas de impurezas menores. Nessa fase todas as partículas de impurezas são removidas.

Água potável

A água potável é a água ótima para ser ingerida pelo ser humano. A água tratada, ao sair do reservatório para chegar à nossa casa, passa por diversos canos, e pode receber algumas impurezas. Por isso, é necessário que ela seja fervida, filtrada ou purificada para ser considerada potável.

Em nosso país, há lugares sem estações de tratamento de água ou sequer água encanada (a população recolhe a água de rios, lagos, poços). Essa água pode estar contaminada, por isso é preciso fervê-la e filtrá-la antes de ser consumida.

BRINCANDO

1 Vamos escutar a música e relembrar o ciclo da água.

Salve-me, sou água

Sou água caindo nas matas
Brincando nas ruas
Virando cascata

Sou água descendo a serra
Adornando a colina
Entrando na terra

Sou água escorrendo dos montes
Enchendo os rios
Jorrando nas fontes

Sou água salgada
Nas praias, nos mares

Sou água doce
Nos rios, nos lares

Sou água que gera energia,
Vida, saúde e alegria

Sou, hoje, água triste
Descendo o morro
Escondida na calha
Pedindo socorro

Sou, hoje, água triste
Descendo o morro
Escondida na calha
Pedindo socorro

Salvem-me!

Alaíde Santos

PEQUENO CIDADÃO

Líquido precioso

Aprendemos que uma mínima quantidade da água do planeta é água doce disponível para o consumo humano. E em muitas regiões do mundo falta água. O Brasil é dono de um dos maiores mananciais (nascentes de rios) de água doce da Terra. Mas a água doce não é distribuída igualmente entre todas as regiões. Naquelas em que o clima é mais seco, existem longos períodos de estiagem, ou seja, muito tempo sem chuva. Os rios secam, os animais e as plantações morrem. A falta de planejamento do governo e o não investimento em obras colaboram para que o problema permaneça.

O crescimento da população também contribui para a falta de água, por ser maior a quantidade de água necessária nas residências. O aumento da população também exige o aumento na produção de alimentos, o que consumirá e desperdiçará muita água na agricultura e na criação de animais. Por isso é tão importante que todos tenham consciência desse problema e tomem atitudes no dia a dia a fim de evitar o desperdício de água.

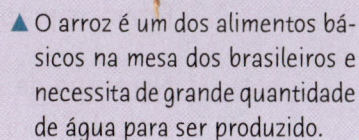

▲ O arroz é um dos alimentos básicos na mesa dos brasileiros e necessita de grande quantidade de água para ser produzido.

ATIVIDADES

1 Explique com suas palavras o que é o ciclo da água.

_____
_____
_____
_____

2 Por que é importante que a água captada das represas e dos rios passe por uma estação de tratamento?

_____
_____

3 Aplique corretamente as setas para indicar os caminhos que fazem parte do ciclo da água.

4 Ordene e nomeie as etapas de tratamento da água.

a) ☐ Na etapa de _____ a água é filtrada.

b) ☐ Na etapa de _____ a água é tratada com substâncias químicas que fazem as partículas de impurezas se agruparem, formando flocos.

c) ☐ Na etapa de _____ e _____ a água é desinfetada e recebe flúor.

d) ☐ Na etapa de _____ os flocos de impureza se depositam no fundo do tanque, deixando mais limpa a água da superfície.

PESQUISANDO

1 Vamos descobrir onde a água é consumida. Entre no site <http://meioambienteagua.pbworks.com/w/page/20725600/Porcentagem> e recolha os dados que registram em quais atividades dos seres humanos a água é utilizada. Indique esses valores na legenda e no gráfico.

Legenda

▪ Agricultura: _____.

▪ Indústria: _____.

▪ Individual: _____.

BRINCANDO DE CIENTISTA

Observando o ciclo da água

1 Vamos realizar um experimento que mostra o ciclo da água?

1. Coloque alguns cubos de gelo em um pote de vidro transparente. Eles representarão as geleiras e a neve da natureza.

2. Feche o pote e vede bem com fita adesiva transparente.

3. Observe atentamente o conjunto até que todo o gelo tenha derretido. Marque no pote, com canetinha hidrocor, o nível da água. O derretimento do gelo representa o derretimento das águas das geleiras, que vão formar, por exemplo, os rios e os lagos.

4. Deixe o pote exposto à luz solar por um tempo (mais de duas horas).

5. Observe se ocorreu diminuição da quantidade de água no pote. Em caso afirmativo, a água deve ter evaporado, como ocorre com a água dos corpos de água.

6. Quando a água estiver evaporando, coloque cubos de gelo na tampa do lado de fora. Essa etapa representa a formação das nuvens: quando o vapor de água é resfriado na atmosfera ele forma gotículas de água que compõem as nuvens.

7. Observe a formação de gotículas no interior do vidro. Elas representam a precipitação das nuvens na forma de chuva, retornando a água em forma líquida para os corpos de água.

gotículas de água

Propriedades da água
Átomo e molécula

Toda a matéria que existe no mundo é formada por átomos. É como se "pontinhos" extremamente pequenos se juntassem para formar os elementos que existem na natureza. O átomo é invisível a olho nu, é a menor parte da matéria.

Quando alguns átomos se juntam eles formam substâncias que chamamos de moléculas. Portanto molécula é o agrupamento de átomos. A molécula também não é vista a olho nu.

Veja a seguir como ocorre a formação de uma gota de água.

Imagine que aqui há átomos de elementos que formam a água. (Note que você não consegue ver os átomos.)

Esses átomos se juntam e formam uma molécula de água. (Você ainda não pode ver uma molécula.)

Quando bilhões de moléculas de água se juntam você já pode ver o elemento água.

Os átomos têm nome. Há átomos de ferro, de carbono, de hidrogênio, de oxigênio. Todos eles são chamados de elementos químicos.

Formação da água

A água é constituída de dois átomos de hidrogênio (H) e um átomo de oxigênio (O). Ao se juntarem, formam a molécula da água.

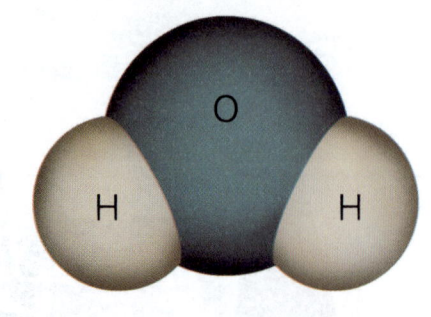

◀ A fórmula que representa a molécula da água é H_2O. Ou seja, são dois átomos de hidrogênio e um de oxigênio.

A molécula da água é uma estrutura tão pequena, que em uma única gota há bilhões de moléculas de água.

A água pura apresenta algumas propriedades típicas, como transparência e ausência de cheiro e cor. Outras de suas propriedades estão descritas a seguir.

- **Capacidade de dissolução**: diversas substâncias podem ser dissolvidas na água. Neste caso, a água passa a ser chamada de **solvente**. O elemento que ela dissolve recebe o nome de **soluto**. A água é considerada um solvente universal, ela permite a dissolução de praticamente qualquer soluto.

◀ Neste exemplo, a água age como solvente (elemento que dissolve) e o suco em pó como soluto (o que está sendo dissolvido).

- **Pressão**: a água exerce força sobre os corpos (elementos) que estão mergulhados nela. Quanto maior o volume de água sobre um corpo, maior a pressão exercida pela água nele. Isso ocorre porque a água tem peso. Se você mergulhar no mar raso, com apenas um metro de profundidade, o peso (a pressão) será bem menor do que se mergulhar mais fundo, por exemplo a uma profundidade de 20 metros – o peso da água sobre você será muito maior (pressão maior).

▲ Os submarinos têm estrutura extremamente resistente, pois descem a grandes profundidades e necessitam suportar altas pressões.

- **Tensão superficial**: a água em repouso (que não está em movimento) apresenta em sua superfície certa resistência, como uma fina película. Isso faz que ela sustente pequenos objetos ou até mesmo seres vivos.

◀ A aranha não afunda devido à tensão superficial da água.

Mudanças de estado físico da água

A água encontra-se na natureza em três estados físicos: líquido, sólido e gasoso. Em estado sólido, a água surge como neve e icebergs. Em estado gasoso, surge como vapor.

A água altera seu estado físico quando submetida a variações na temperatura. Essas mudanças de estado físico recebem denominações específicas: **vaporização**, **condensação**, **solidificação** e **fusão**.

Vaporização

A água, ao ferver, está em temperatura elevada e passa para o estado gasoso, no qual tem as características de um gás. Não podemos enxergar a água no estado gasoso. A fumaça que vemos sair da panela corresponde a pequenas gotas de água ainda no estado líquido.

A passagem da água do estado líquido para o gasoso é um exemplo de vaporização. A vaporização pode ocorrer de duas maneiras: por evaporação ou por ebulição.

- **Evaporação**: passagem lenta e natural da água do estado líquido para o gasoso. Por exemplo, se colocarmos uma bacia com água ao Sol, veremos que, depois de algum tempo, a água evapora-se. A evaporação acontece também na água da superfície dos corpos d'água, como nos rios e mares.
- **Ebulição**: passagem rápida da água do estado líquido para o gasoso. É o caso da água fervente.

▲ O processo que ocorre quando colocamos roupas para secar chama-se evaporação.

Condensação

Esse processo, também chamado de liquefação, corresponde à passagem da água do estado gasoso para o estado líquido. A condensação ocorre quando o vapor de água é resfriado e torna-se líquido. Esse fenômeno forma as nuvens: o vapor de água sobe para a atmosfera e se resfria formando gotículas.

▲ A condensação também ocorre quando o vapor se eleva e gotas de água se formam ao tocar a tampa, mais fria.

Solidificação

A solidificação é a passagem da água do estado líquido para o estado sólido. Ela ocorre quando a água líquida é resfriada, a 0 °C (zero graus Celsius). Nesse caso, as moléculas de água ficam mais unidas, formando a água sólida.

Fusão

É a passagem da água do estado sólido para o estado líquido. Ela ocorre com o aquecimento da água sólida.

BRINCANDO DE CIENTISTA

1 Teste o que você aprendeu sobre as propriedades da água.

a) **Dissolução**: separe vários copos com água. Separe diversos materiais (açúcar, sal, areia etc.). Teste a solubilidade desses materiais na água.

b) **Pressão**: encha uma garrafa PET com água e faça três furos de mesmo tamanho nela, em alturas diferentes. Em qual dos três furos a água sai com mais força por sofrer mais pressão?

c) **Tensão superficial**: coloque água em uma vasilha, deixando-a certo tempo em repouso. Cuidadosamente, coloque uma agulha ou um anel de latinha de refrigerante sobre a água. Repita adicionando detergente à água. O que ocorre em cada caso?

ATIVIDADES

1 Qual propriedade da água se relaciona a cada figura?

_____   _____   _____

2 Assinale com um **X** as afirmações corretas.

a) ☐ Gelo não é água.

b) ☐ Os três estados físicos da água são líquido, sólido e gasoso.

c) ☐ Ferver a água altera seu estado de líquido para gasoso.

d) ☐ As moléculas de água ficam mais unidas, formando a água líquida.

3) Dona Josefa era muito exigente. Falou para a empregada nova que ela precisava se esforçar mais, afirmando: "Olha, a casa até que está limpa, mas aqui e ali consigo ver uns átomos de poeira...". Qual o absurdo na fala de dona Josefa?

_____

4) Complete as lacunas escrevendo as etapas da formação da água.

a) **Etapa 1**: São necessários _____ dos elementos que formam a água.

b) **Etapa 2**: Esses _____ se juntam e formam a _____ da _____.

c) **Etapa 3**: Depois que bilhões de _____ se juntam é possível ver a substância _____.

5) Circule os átomos necessários para formar uma molécula de água.

H   S   C   O   P   H

6) Ligue as duas colunas, relacionando o tipo de mudança de estado físico com sua descrição.

a) vaporização — Passagem da água do estado sólido para o líquido.

b) solidificação — Passagem da água do estado gasoso para o líquido.

c) condensação — Passagem da água do estado líquido para o sólido.

d) fusão — Passagem da água do estado líquido para o gasoso.

7) Substitua os números que estão sobre as setas pelo nome da mudança de estado físico que elas representam.

sólido →(1) líquido →(2) gasoso
sólido ←(4) líquido ←(3) gasoso

1. _____ 3. _____

2. _____ 4. _____

UNIDADE 3 — O ar

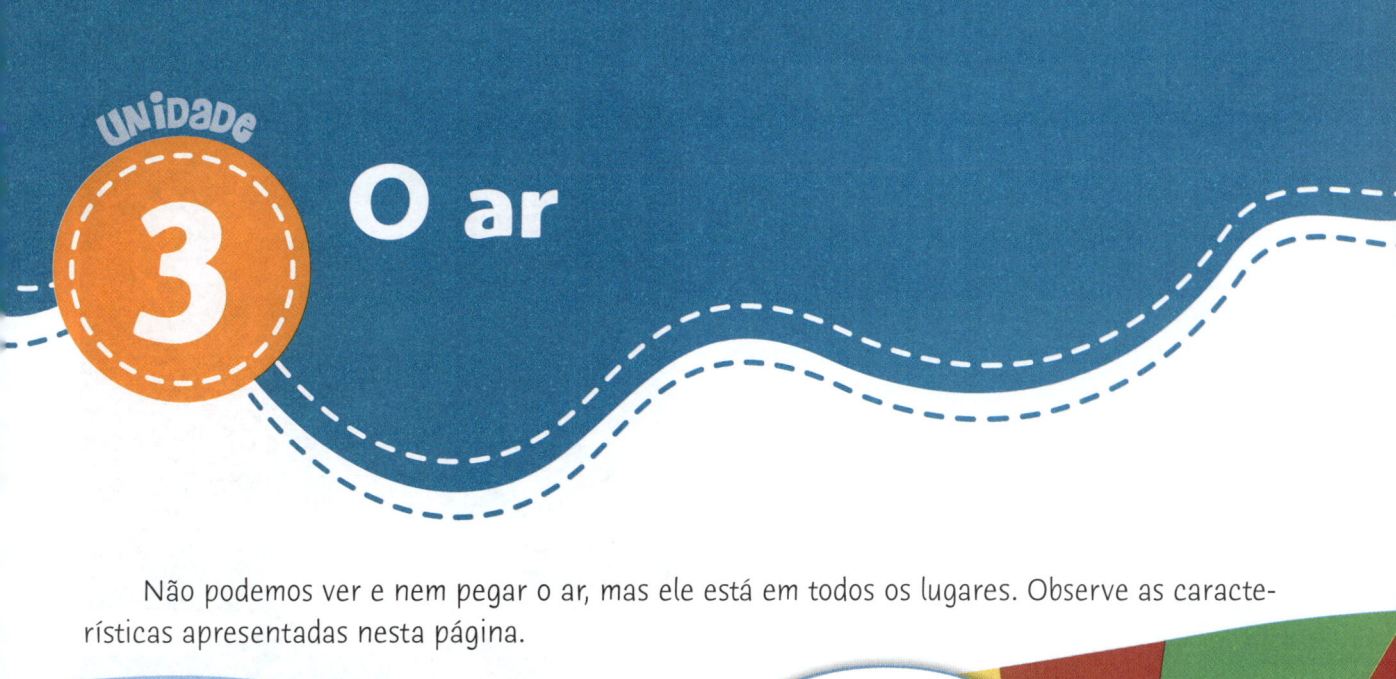

Não podemos ver e nem pegar o ar, mas ele está em todos os lugares. Observe as características apresentadas nesta página.

Muuuuuu.

Acho que não escolhemos um bom dia, querida.

O ar ocupa espaço.

Lá vem você com esse seu jeito pessimista!

O ar se movimenta, formando desde brisas até furacões e tornados.

Uau!

O ar movimenta os barcos a vela.

Au au

O ar faz evaporar a água, secando as roupas.

Composição do ar

O ar também é formado por átomos. Os átomos se juntam e formam as moléculas dos gases. Há átomos que formam os gases nitrogênio (a sigla é N), oxigênio (O) e gás carbônico (C). Esses três gases são inodoros (sem cheiro), incolores (sem cor) e insípidos (sem gosto).

O **nitrogênio**, gás que existe em maior quantidade, compõe cerca de 78% do ar. Ele não é utilizado na respiração dos seres vivos, mas está presente na formação de substâncias indispensáveis à alimentação.

O **gás oxigênio** é absorvido pelos animais e pelas plantas no processo da respiração. Ele é essencial para a formação do fogo e compõe cerca de 21% do ar.

▲ Sem a presença do gás oxigênio no ar, não seria possível a existência do fogo.

O **gás carbônico** é muito importante para as plantas, que o utilizam para fabricar seu alimento por meio da fotossíntese. Nesse processo, as plantas absorvem o gás carbônico e liberam o gás oxigênio.

O gás carbônico é utilizado nos extintores de incêndio. Ao ser acionado o extintor de incêndio, o gás carbônico resfria o ar e cria uma nuvem que separa o fogo do oxigênio, extinguindo-o. Ele também é utilizado na fabricação de bebidas. As pequenas bolhas que sobem no refrigerante ou na água mineral com gás são formadas pelo gás carbônico. Esse gás corresponde a 0,03% do ar.

Absorvido: retirado para si; aspirado.

▲ Há extintores de incêndio compostos por gás carbônico.

▲ A espuma que se forma nos refrigerantes corresponde a bolhas de gás carbônico.

Além dos gases mencionados, estão presentes no ar vapor de água, poeiras, impurezas e diversos microrganismos. Em muitas cidades, geralmente nas cidades grandes, o ar é muito poluído, com excesso de fumaça das fábricas, dos escapamentos dos carros e de gases que saem do lixo deixado nas ruas.

Algumas maneiras de se evitar a poluição do ar é colocar filtros especiais nas chaminés de fábricas e nos escapamentos de carros, diminuir o trânsito de veículos nos centros comerciais e plantar árvores (elas favorecem as trocas gasosas).

Mudar é possível. Cubatão (SP) foi eleita na década de 1980 a cidade mais poluída do mundo, as indústrias da região lançavam toneladas de gases tóxicos no ar. Depois de muitas campanhas, as empresas passaram a adotar atitudes ecológicas, como colocar filtros nas chaminés das fábricas. Hoje a cidade está transformada e é exemplo de restauração ambiental.

SAIBA MAIS

▲ Você já reparou que não consegue ficar muito tempo sem respirar? É porque seu organismo precisa do oxigênio para realizar funções essenciais à vida.

- O oxigênio é extremamente importante para os seres vivos, pois é o responsável pela respiração da maioria dos organismos. Apenas alguns minutos sem oxigênio são suficientes para levar uma pessoa à morte.

- Os peixes não precisam de oxigênio? Precisam, mas eles conseguem retirar o oxigênio que está na água.

- A Amazônia não é o pulmão do mundo. Apesar de essa floresta conter uma imensa quantidade de plantas que liberam oxigênio na atmosfera, as verdadeiras responsáveis pelo oxigênio que existe são minúsculas algas que vivem nos mares e oceanos.

- Existem seres vivos que sobrevivem sem oxigênio. Para alguns desses seres vivos, a presença de oxigênio pode ser até mesmo fatal. Algumas bactérias e fungos são exemplos de organismos anaeróbios.

A camada de ozônio

Além do gás oxigênio, do nitrogênio e do gás carbônico, a atmosfera da Terra apresenta uma camada composta por gás ozônio. Ela funciona como um escudo protetor contra os invisíveis raios ultravioleta.

Os raios ultravioleta fazem parte da luz do Sol. O problema é que esse tipo de radiação, quando em excesso, torna-se prejudicial à saúde dos animais e das plantas, e pode causar doenças graves nos seres humanos, como o câncer de pele. A camada de ozônio é fundamental, uma vez que ela nos protege desses efeitos, pois absorve grande parte da radiação.

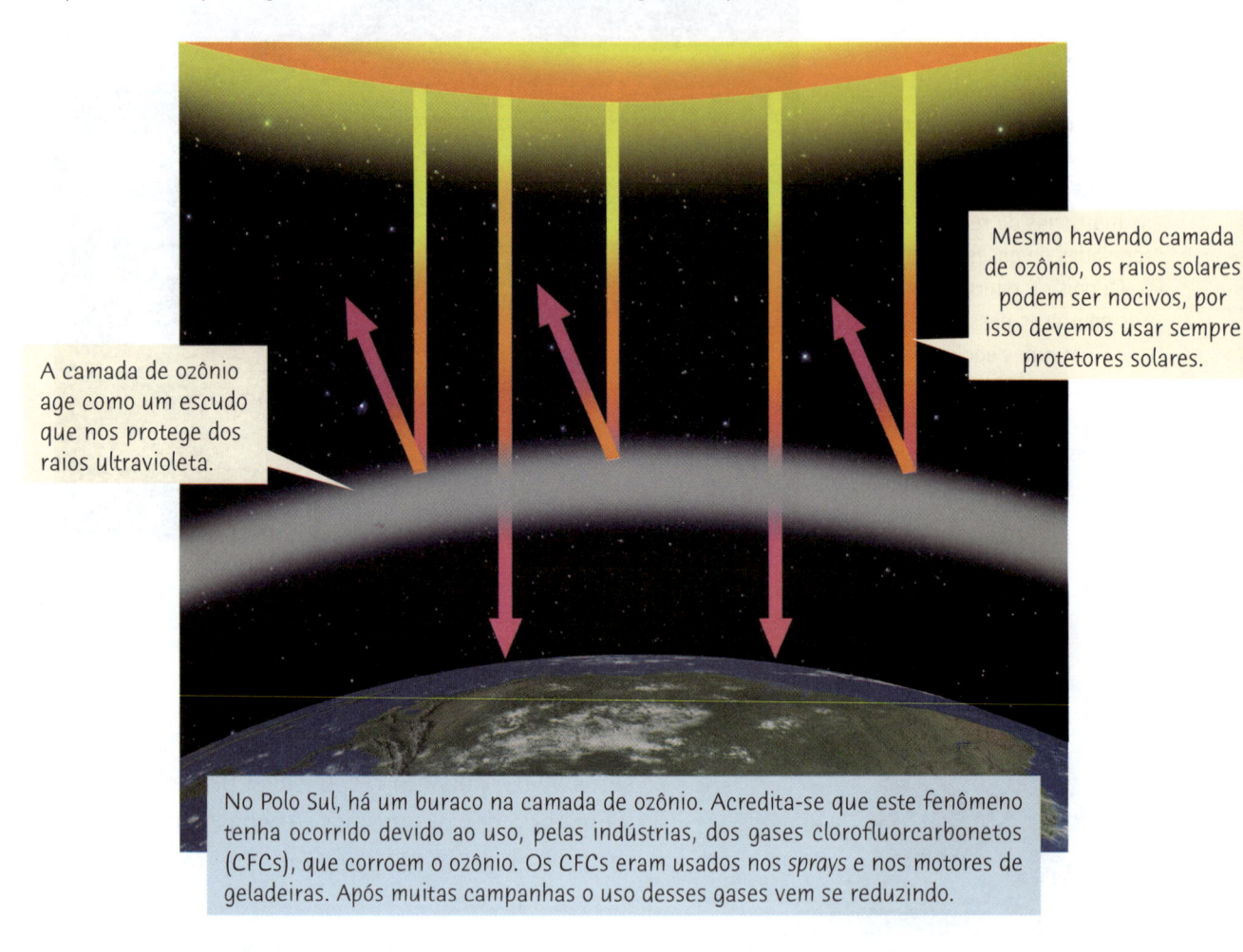

A camada de ozônio age como um escudo que nos protege dos raios ultravioleta.

Mesmo havendo camada de ozônio, os raios solares podem ser nocivos, por isso devemos usar sempre protetores solares.

No Polo Sul, há um buraco na camada de ozônio. Acredita-se que este fenômeno tenha ocorrido devido ao uso, pelas indústrias, dos gases clorofluorcarbonetos (CFCs), que corroem o ozônio. Os CFCs eram usados nos *sprays* e nos motores de geladeiras. Após muitas campanhas o uso desses gases vem se reduzindo.

O efeito estufa e o aquecimento global

A temperatura da Terra possibilita a vida como nós a conhecemos. Em alguns lugares é bem quente e em outros é bem frio, mas a média de temperatura global é de 15 °C (graus Celsius). Essa temperatura somente é possível porque existe a atmosfera, que faz com que ocorra o fenômeno chamado efeito estufa. Sem a atmosfera nosso planeta seria um lugar gelado.

O efeito estufa ocorre devido à presença de gases na atmosfera, principalmente o gás carbônico, que evita a perda de calor da Terra ao reter o calor na atmosfera, funcionando como uma estufa de plantas.

A – O calor recebido do Sol é absorvido pela Terra e aquece a superfície.

B – Uma parte do calor é refletida pela Terra e volta para o espaço.

C – Outra parte não volta ao espaço e fica retida pela camada de gases da atmosfera. Ocorre o efeito estufa: o calor é mantido entre a atmosfera e a superfície terrestre.

◂ Representação do efeito estufa na Terra. As setas indicam a transmissão de calor e sua espessura, a quantidade de calor.

Como vimos, o efeito estufa é de extrema importância para a vida no planeta. O que não é nada bom é que a temperatura no planeta Terra está elevando-se muito e com rapidez. Pesquisas ainda estão sendo feitas, mas tudo indica que os principais culpados são os seres humanos.

Essa maior intensificação do efeito estufa tem sido chamada de **aquecimento global**. Veja algumas causas para o aquecimento global.

- O uso intensivo de combustíveis, seja para o funcionamento das máquinas nas fábricas seja para movimentar os automóveis, produz imensa quantidade de gás carbônico. Esse gás intensifica o efeito estufa.
- Queimadas em grandes extensões de áreas verdes também lançam gás carbônico na atmosfera.
- O gado (bois, cabras, ovelhas etc.), ao fazer digestão, libera um gás chamado metano, que promove a intensificação do efeito estufa. Como a criação de gado no mundo é enorme, esse fator tem preocupado bastante os estudiosos.

O aquecimento global pode provocar, entre outros efeitos, o derretimento das calotas polares e de geleiras, elevando o nível das águas dos oceanos e dos lagos, fazendo submergir ilhas e amplas áreas litorâneas. A destruição de hábitats naturais provoca o desaparecimento de espécies de plantas e animais.

Este é um assunto muito importante, e está sendo discutido por cientistas, ambientalistas e políticos de todo o mundo, à procura de soluções para diminuir os impactos causados pela sociedade em nosso planeta.

◂ O derretimento das calotas polares, provocado pelo aquecimento global, está acabando com o hábitat de espécies das regiões frias, como o urso-polar.

ATIVIDADES

1) Identifique a que gás constituinte do ar cada uma das frases a seguir se refere.

a) Participa do processo de fabricação dos alimentos das plantas.

_____

b) É o principal constituinte do ar, correspondendo a 78%.

_____

c) Liberado pelas plantas no processo de fabricação de seu próprio alimento.

_____

d) Participa da respiração na maioria dos seres vivos.

_____

2) Assinale quais das substâncias abaixo são constituintes do ar.

a) ☐ vapor-d'água   c) ☐ água líquida

b) ☐ microrganismos   d) ☐ poeira

3) O desenho ao lado mostra uma ação humana que provoca a poluição do ar. No quadro a seguir, desenhe uma ação que possa ser uma alternativa àquela apresentada, mas que não polua o ar.

4 Explique com suas palavras o que é a camada de ozônio e por que ela é importante para a vida no planeta Terra.
_____
_____

5 De modo a representar o efeito estufa da Terra, complete o desenho a seguir com as setas. Depois, numere cada seta e escreva o que cada uma representa.

_____
_____
_____
_____
_____
_____
_____
_____

6 Efeito estufa e aquecimento global são a mesma coisa?
_____
_____
_____
_____

7 Identifique em cada caso qual é a causa da intensificação do efeito estufa, preenchendo os quadros com uma das frases abaixo.

_____
_____

_____
_____

_____
_____

_____
_____

Propriedades do ar

O ar puro é incolor e não tem cheiro. No entanto, podemos perceber sua presença de diversos modos, por exemplo, ao sentir o vento ou quando assopramos uma vela. Outros meios de perceber a existência do ar é testar algumas de suas propriedades típicas, como você verá a seguir.

- **O ar ocupa espaço**: apesar de não vermos o ar, ele pode ser percebido, pois ocupa espaço. Você pode observar essa propriedade de modo muito simples, ao encher o pulmão de ar: o que aconteceu com seu tórax? Outro exemplo é encher uma seringa e tampar sua ponta: o que acontece?

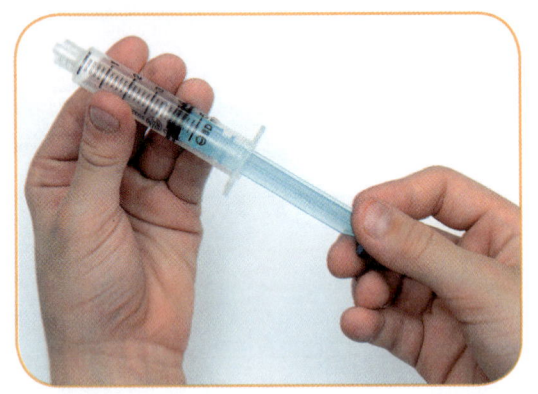

▲ Puxando-se o êmbolo da seringa, o ar entra livremente.

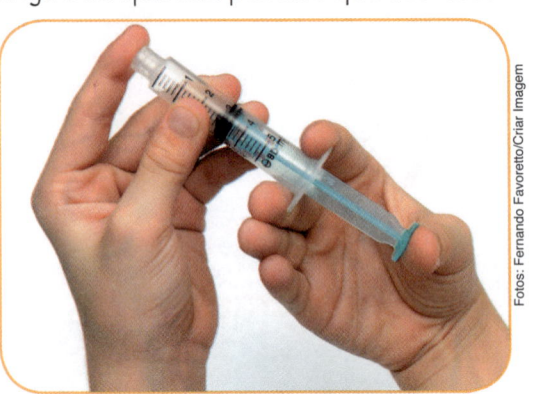

▲ Ao fechar a ponta da seringa com o dedo, mesmo fazendo muita força, não é possível empurrar o êmbolo, uma vez que o ar está ocupando espaço.

- **O ar não tem forma definida**: independentemente do tamanho do ambiente, o ar sempre ocupa todo o espaço desse ambiente e toma a forma dele, seja um grande salão ou um copo.

▲ O pneu que estava vazio começa a ser enchido.

▲ O ar que entrou tomou a forma do pneu.

- **O ar tem peso**: determinado objeto cheio de ar pesa mais do que o mesmo objeto vazio.

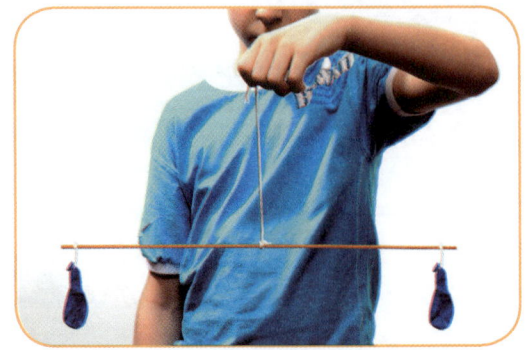

▲ Usando uma "balança" feita com varetas, pode-se notar que duas bexigas vazias têm o mesmo peso, pois a vareta está reta.

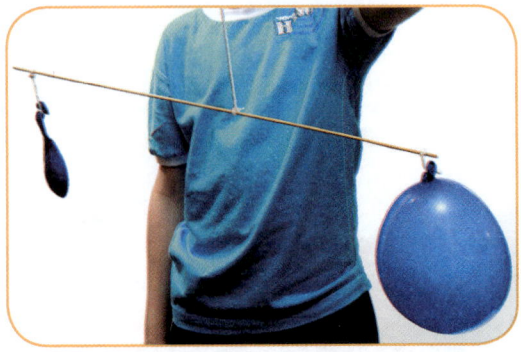

▲ Quando uma das bexigas é enchida, observa-se que o ar contido nela a deixa mais pesada, pois a vareta inclinou-se.

A pressão atmosférica

Pressão atmosférica é a força que age sobre nosso corpo devido ao peso das moléculas de ar. É como se o ar à nossa volta estivesse todo o tempo tentando nos prensar. Essa pressão age não somente em nosso corpo, mas sobre todos os elementos da superfície da Terra.

Você poderia perguntar: Se é assim, por que eu não sou esmagado pela pressão do ar à minha volta? Porque o ar que está dentro dos corpos, bem como os fluidos (líquidos) internos exercem pressão ao contrário e continuamos com a mesma forma.

A pressão não é igual em todos os pontos do planeta. Existem lugares com baixa pressão atmosférica e lugares com alta pressão atmosférica. Como há muitos espaços "vazios" entre uma molécula de ar e outra, o ar pode se comprimir (moléculas mais "apertadas") ou expandir (moléculas mais "distantes"). Quando está comprimido, dizemos que a pressão atmosférica é alta, fenômeno que ocorre em lugares baixos, próximos ao nível do mar. Quando o ar está mais expandido, a pressão atmosférica é baixa, o que ocorre em locais de maior altitude, como planaltos e serras. Neste caso, dizemos que o ar está rarefeito.

A pressão do ar atua sobre nosso corpo continuamente.

Se ele subir muito, e se afastar do nível do mar, a pressão vai tornar-se mais baixa, porque o ar vai se expandir.

▲ No nível do mar, a pressão do ar é maior.

Concentração do ar nas diferentes ▶ altitudes de uma montanha. Os pontos amarelos representam as moléculas de ar. Observe que quanto maior a altitude, menor a concentração de moléculas.

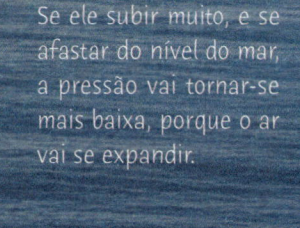

SAIBA MAIS

Os Andes são uma cadeia de montanhas que corta a América do Sul de norte a sul, abrangendo os países da Venezuela, Colômbia, Equador, Peru, Bolívia, Chile e Argentina. A média de altitude das regiões da cordilheira é 4 mil metros, mas há picos com mais de 6 mil metros, cobertos de neve o ano todo (as neves eternas).

As pessoas e outros animais que moram nos Andes apresentam algumas modificações no sistema circulatório para ter uma eficiente oxigenação sanguínea, uma vez que o ar é mais rarefeito.

▶ Os animais que vivem em grandes altitudes têm pulmão e coração maiores para compensar a falta de oxigênio. Esse é o caso da vicunha, que vive nos Andes a mais de 3 mil metros de altitude e está ameaçada de extinção. Seu coração é em média 50% maior do que o de outros mamíferos de tamanho semelhante.

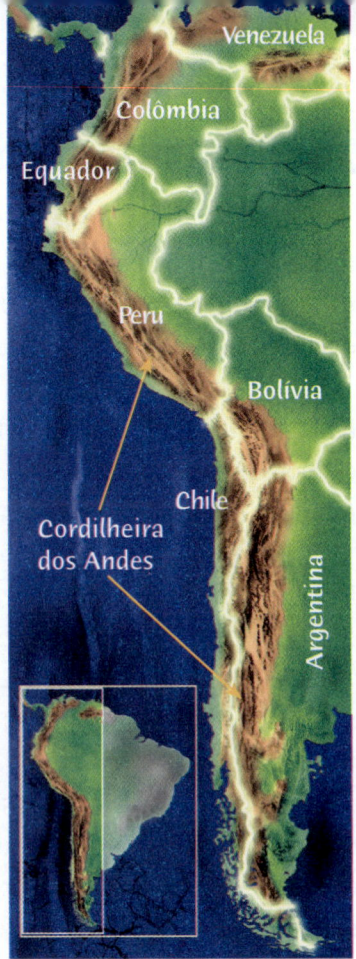

▲ Os Andes acompanham toda costa oeste da América do Sul.

A formação dos ventos

O ar está sempre se movimentando de um lugar para o outro. Essa movimentação é chamada deslocamento das massas de ar. Ao perceber esse deslocamento, o denominamos **vento**.

O principal responsável pelos ventos é o Sol – ao aquecer a Terra ele aquece, consequentemente, o ar que está nela. Quando o calor do Sol aquece o ar que está mais próximo da superfície da Terra, ele se dilata (expande) e sua pressão diminui. Ao se tornar mais leve que o ar frio o ar aquecido se eleva e seu lugar é ocupado pelo ar frio, que desce por ser mais pesado. É esse movimento que origina os ventos.

1. Os raios solares incidem na atmosfera terrestre.
2. O ar mais frio, da altitude, que está mais pesado, desce.
3. O ar, quando se aquece, fica mais leve e sobe. Criando um movimento constante.

◀ O vento possibilita ver o ar agindo sobre os corpos.

Os ventos e seus nomes

O vento pode ter diferentes intensidades, desde ventos bem fracos, como as brisas, até ventos mais fortes, como no caso de furacões.

Brisa é um vento fraco e agradável. É facilmente percebida quando estamos na praia ou em alto-mar. A brisa pode soprar em dois sentidos diferentes.

Durante o dia, o vento sopra do mar para o continente. Isso ocorre porque ao receberem os raios do sol, o solo e a água não se aquecem do mesmo modo: o solo se aquece mais rapidamente, fazendo com que o ar, que estava nele se eleve. Para tomar o lugar do ar que subiu vem o ar mais frio vindo dos mares. Esta é a **brisa marítima**.

À noite, o vento sopra do continente para o mar. Ou seja, neste momento ocorre o inverso: o mar libera o calor que acumulou durante o dia, com isso o ar torna-se mais quente e se eleva. A essa hora o ar do solo está mais frio e vai em direção às águas para ocupar o espaço deixado pelo ar que subiu. Temos, então, a **brisa terrestre**.

A **ventania** é um deslocamento de ar mais forte que a brisa. Pode destelhar casas, espalhar o lixo, derrubar árvores inteiras ou partes delas e causar pequenos estragos na rede elétrica.

O **tornado** é uma coluna de ar que gira de forma violenta, formando estruturas semelhantes a funis, que se ligam ao solo e a uma nuvem. Podem atingir 1 quilômetro de diâmetro, com ventos de mais de 200 quilômetros por hora. Os tornados são muito perigosos, pois podem causar grande destruição. São comuns em grandes planícies do Estados Unidos.

▲ Em uma única semana de 2012, cerca de 90 tornados atingiram o meio-oeste dos Estados Unidos. Alguns foram tão violentos que carros foram erguidos do chão e jogados contra os prédios.

Os **furacões** se formam por ventos fortíssimos, têm rotação ciclônica e um olho no centro (área sem ventos fortes). Formam-se sempre sobre as águas dos oceanos. Muito maiores que os tornados, têm em média 500 quilômetros de diâmetro e velocidades entre 160 e mais de 300 quilômetros por hora, o que lhes dá um grande poder de destruição.

◄ Foto de satélite do Furacão Katrina, que causou enorme destruição no sudeste dos Estados Unidos em 2005.

Instrumentos de medição dos ventos

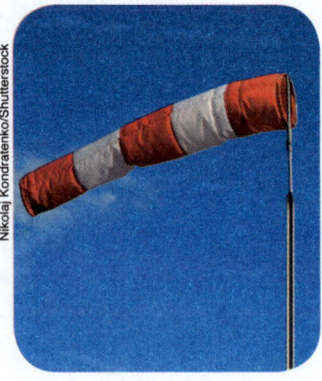

Pode-se medir a velocidade e a direção dos ventos por meio de aparelhos. A velocidade é medida por um aparelho chamado **anemômetro**; a **biruta** e o **catavento** medem a direção dos ventos.

◀ Anemômetro (à esquerda) e biruta (à direita). Esses aparelhos são utilizados principalmente em estações meteorológicas e em aeroportos e auxiliam os governos a tomar as devidas precauções quando se detecta o surgimento de ventos fortes.

ATIVIDADES

1) Leia as definições apresentadas a seguir e indique a qual propriedade do ar cada uma se refere.

a) Ao enchermos um boneco com ar, todo o espaço dentro do boneco será preenchido.
_____

b) Ao colocarmos uma bexiga cheia de ar em uma balança, o valor indicado será maior do que se a bexiga for pesada sozinha.
_____

c) Ao soprarmos dentro de uma luva de borracha, o ar tomará a forma da luva.
_____

2) Qual das alternativas explica corretamente o que é a pressão atmosférica?

a) ☐ Pressão atmosférica é a força que age apenas sobre nosso corpo devido ao peso das moléculas de ar.

b) ☐ Pressão atmosférica é o peso que age sobre nosso corpo devido à força das moléculas de ar.

c) ☐ Pressão atmosférica é a força que age sobre todos os corpos, inclusive o nosso, devido ao peso das moléculas de ar.

3) Explique por que não somos esmagados pela força da pressão atmosférica.
_____
_____
_____
_____

4 Faça o que se pede com base na imagem a seguir.

a) Desenhe pontinhos para indicar onde as moléculas estão mais comprimidas e onde elas estão mais espaçadas.

b) Observe a imagem e indique onde está ocorrendo baixa pressão atmosférica e alta pressão atmosférica.

5 Julgue se as afirmações abaixo são verdadeiras (**V**) ou falsas (**F**).

a) ☐ O ar é mais rarefeito no topo da montanha.

b) ☐ Os seres vivos que têm como hábitat os Andes sofrem com a altitude.

c) ☐ O ar quente sobe e o ar frio desce.

d) ☐ O calor do Sol é o principal responsável pela formação dos ventos.

e) ☐ Os ventos se formam porque o ar é aquecido na atmosfera e então desce.

6 Relacione os tipos de vento às suas definições.

a) ventania

b) brisa

c) furacão

d) tornado

☐ Vento forte com rotação ciclônica, olho no centro e tem em média 500 quilômetros de diâmetro.

☐ Gira de forma violenta formando funis que se ligam ao solo e a uma nuvem. Pode atingir 1 quilômetro de diâmetro.

☐ Vento mais forte do que a brisa.

☐ Vento fraco e agradável.

7 Daniela estava no litoral durante o dia e lhe ocorreram duas dúvidas: Que tipo de brisa está soprando e qual instrumento usar para saber a velocidade desse vento? Vamos ajudá-la?

_____

BRINCANDO

Trilha do ar

1 Que tal brincar com um jogo divertido relacionado a várias coisas que você aprendeu sobre o ar? Basta ter um dado e alguns objetos pequenos para marcar a posição no tabuleiro. Junte-se aos colegas e divirta-se!

Você usou produtos que contêm CFC, volte 2 casas.

O ar aqui está muito poluído, volte 2 casas para respirar melhor.

Explique o que é pressão atmosférica e avance 3 casas.

Diga uma propriedade do ar e avance 3 casas.

Seu carro está soltando muita fumaça pelo escapamento, fique uma rodada sem jogar para levá-lo ao mecânico.

FIM

19 — Você encontrou um tornado que lhe carregou 4 casas para trás.

18

17 — Indique um meio de evitar a poluição do ar e avance 1 casa.

20

16

15 — Você precisa ajudar o urso-polar, vítima do aquecimento global. Fique uma rodada sem jogar.

21

26

14

22

25

13

12 — Explique o que é efeito estufa e avance 3 casas.

23 — Você chegou ao topo da montanha e o ar está muito rarefeito. Fique uma rodada sem jogar e tome fôlego para a chegada.

24

1 — Cite um componente do ar e avance 2 casas.

PESQUISANDO

1 Você sabe se no Brasil acontecem furacões ou tornados? Pesquise em livros, revistas e na internet mais informações sobre a ocorrência ou não desses fenômenos naturais em nosso país.

BRINCANDO DE CIENTISTA

1 Vamos realizar dois experimentos que demonstram algumas das propriedades do ar que aprendemos nesta unidade.

Experimento 1

Encha um recipiente com água até um pouco acima da metade. Coloque um pouco de corante na água (tinta guache). Coloque um copo com a abertura para baixo, bem reto.
O que ocorre? Que propriedade do ar está sendo demonstrada aqui?

_____
_____

Agora incline o copo de modo que um pouco de ar saia. O que ocorre então? Por que isso ocorre?

_____
_____
_____

Experimento 2

Cole com uma fita adesiva um canudinho na abertura de um balão. Certifique-se de que a montagem fique bem presa. Ponha um livro sobre o balão vazio. Encha o balão com ar assoprando no canudinho.
O que ocorre? Que propriedade do ar está sendo demonstrada nesse experimento?

_____
_____
_____

UNIDADE 4

O solo

- Minhocas! Elas vão me devorar vivo!
- Não se preocupe, elas só comem terra. Aliás, esse solo é bem rico!
- Rico?!
- Sim. Rico em vida!
- Acredite! No solo vivem muitos seres vivos, como minhocas, formigas, microrganismos. Eu vou te mostrar!
- Xiiii... essa agora!
- No solo existe...
- Hum! Que inteligente...

Fotos: Fernando Favoretto/criar imagem

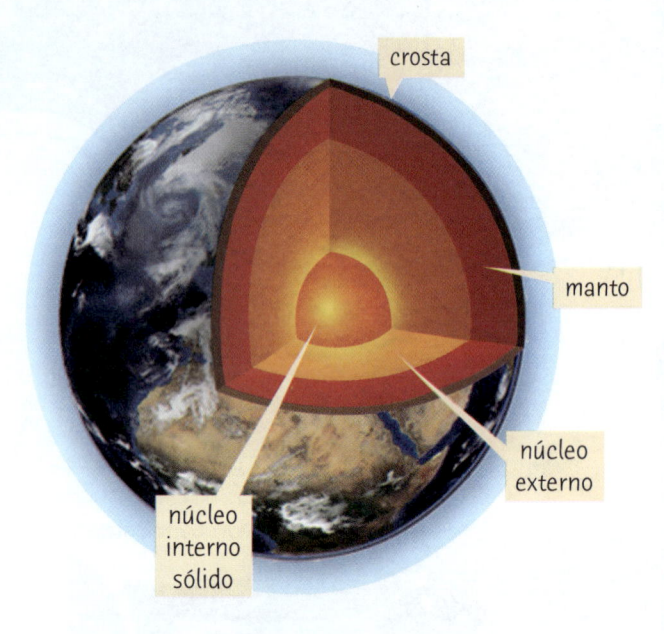

Formação do solo

O solo, popularmente chamado de terra, é a camada mais superficial da crosta terrestre.

O solo constitui-se de fragmentos de rochas que sofreram transformações naturais causadas pela chuva, pelo vento, pelo calor e por outros agentes. Essas rochas fragmentaram-se, isto é, quebraram-se em pedaços cada vez menores, até formar pequenos grãos soltos, como a areia e a argila. Restos de decomposição de seres vivos que se misturam a esse material também fazem parte do solo; eles se misturam aos grãos de rochas fragmentadas. São necessários milhares de anos para que um solo se forme.

A rocha que dá origem ao solo é chamada de rocha-mãe.

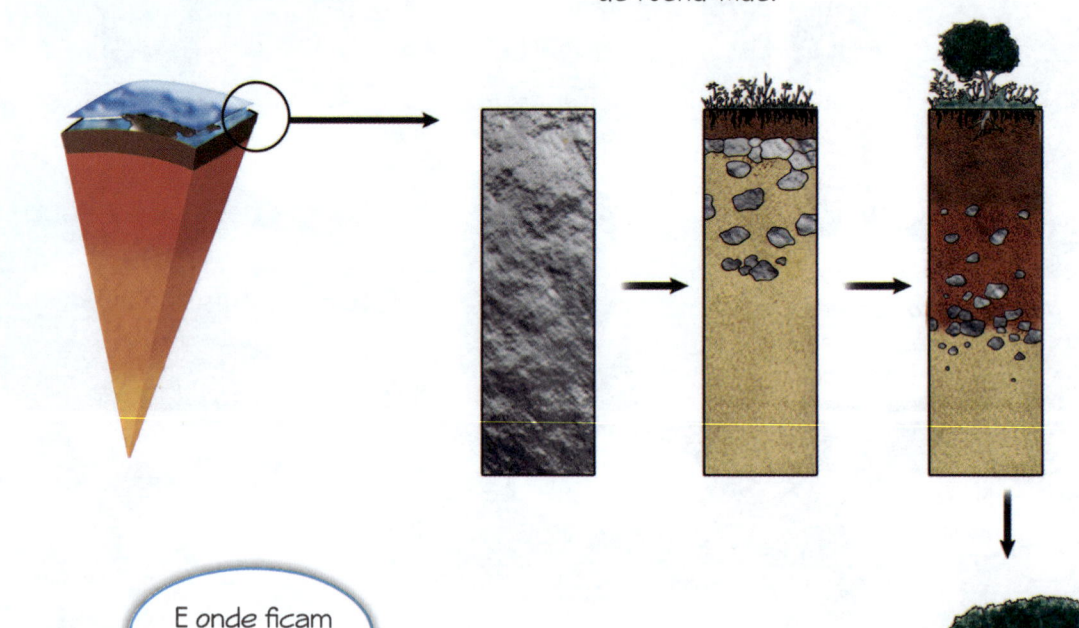

E onde ficam as minhocas?

Os solos são compostos por várias camadas. A camada mais superficial é onde se encontra mais vida, pois é rica em matéria orgânica. As camadas abaixo são gradualmente mais pobres em matéria orgânica e mais ricas em minerais. Por fim, a última camada é muito semelhante à rocha que deu origem ao solo. Essas camadas são resultantes do processo de **intemperismo**, que transforma a rocha em solo.

Composição do solo

Na camada mais superficial do solo, rica em húmus, encontram-se as minhocas, além de grande diversidade de seres vivos.

Além da matéria orgânica, presente nos seres vivos e em seus restos em decomposição, o solo também é composto de água, ar e grãos minerais, como a areia e a argila.

O solo funciona como uma esponja. Nele há poros, pequenos buracos, onde há água e ar que as plantas e outros seres vivos usam para beber e respirar.

SAIBA MAIS

▲ O húmus de minhoca enriquece o solo.

Após sucessivas colheitas, o solo utilizado para o plantio pode se tornar carente de sais minerais e de outros nutrientes. Os agricultores costumam utilizar adubos naturais ou industriais para melhorar a qualidade do solo e garantir uma boa plantação.

Um dos melhores adubos orgânicos que existem é o húmus, produzido pela decomposição da matéria orgânica que constitui o corpo dos seres vivos. Ele se forma na natureza como resultado da ação de fungos e bactérias presentes no solo, essenciais para a decomposição dos restos de seres vivos. O húmus é rico em sais minerais, importantes para as plantas.

As minhocas também têm participação na formação do húmus, elas formam o húmus de minhoca. Elas se alimentam de solo, no qual há matéria orgânica em decomposição; em decorrência disso as fezes delas se tornam ricas em nutrientes que adubam a terra. Além disso, ao se locomover no solo, abrem túneis para a entrada de água e de ar, que são utilizados pelas raízes das plantas. Isso também promove a umidade e a aeração do solo, tornando a terra fofa.

Eu bem que falei que as minhocas eram importantes.

Aeração: situação em que um elemento recebe ar; neste caso, o solo.
Intemperismo: ação do ambiente sobre o solo: chuva, sol, ventos.

Tipos de solo

Os tipos de solos podem ser classificados de diversas maneiras. Uma das maneiras mais comuns é organizá-los de acordo com a quantidade de partículas de argila e de areia que contêm.

Solo arenoso: contém quantidade maior de areia do que de argila ou outras partículas. É um tipo de solo claro, que retém pouca água, pois as partículas de areia são relativamente grandes, deixando muitos espaços livres entre elas. Assim, a água se infiltra rapidamente por esse tipo de solo e se acumula em camadas mais profundas.

Como a areia é permeável e permite que a água passe com facilidade, o solo arenoso é seco e pobre em nutrientes. Por isso, grande parte das plantas não se desenvolve bem nesse solo, mas há aquelas muito bem **adaptadas** a ele, como os coqueiros e os cajueiros.

▲ O cajueiro é uma planta que se desenvolve bem em solos arenosos.

As partículas desse solo são maiores e mais afastadas, o que o torna muito permeável.

E você sabe de que são feitos os vidros de janelas, garrafas, copos e outros? São fabricados da areia!

Solo argiloso: solo formado mais por argila do que outros minerais, como a areia. Pode apresentar diferentes colorações, como vermelho, cinzento ou branco. É um solo pouco permeável, porque a argila é um mineral de tamanho muito pequeno, bem menor que um grão de areia e não deixa muito espaço entre os seus grãos, dificultando o escoamento da água. Quando retém água, o solo argiloso forma barro e, na ausência de chuva, pode rachar.

> **Adaptada**: ajustada ou acomodada; que vive bem no ambiente.

As partículas desse solo são mais próximas, o que o torna pouco permeável.

Como esse solo fica muito encharcado quando chove e muito duro quando está seco, algumas plantas não se desenvolvem bem nele; outras, como o café, adaptam-se bem. Você sabia que desse tipo de solo são fabricados tijolos, telhas, azulejos e objetos de cerâmica? O caulim (argila branca) é matéria-prima da porcelana.

◀ Cafeeiro em solo argiloso.

Geralmente o solo ideal para a agricultura é uma mistura dos dois tipos de solo.

BRINCANDO DE CIENTISTA

Testando a permeabilidade dos solos

1 Você aprendeu que os solos arenosos são mais permeáveis que os argilosos. Que tal realizar um experimento simples para demonstrar essa propriedade?

Material:

- 2 garrafas de plástico transparente, descartáveis;
- 2 chumaços de algodão, não muito grandes;
- 4 copos com água;
- amostras de solo arenoso e argiloso;
- etiquetas;
- caneta.

Modo de fazer

1. Use luvas ou sacos plásticos reforçados e uma pá para retirar amostras de solos arenosos e argilosos. Na sala de aula, peça a ajuda do professor para identificar os diferentes tipos de solo.
2. Deixe as amostras secarem. Amasse bem as amostras de solo já secas com um rolo de massinha ou de macarrão para que os torrões se desfaçam.
3. Peça para um adulto recortar as garrafas ao meio.
4. Na ponta (tampa) de cada uma das garrafas cortadas, coloque um chumaço de algodão, formando assim dois filtros. Encaixem na parte de baixo das garrafas cortadas.
5. Encha cada filtro com um tipo de solo e cole uma etiqueta para identificar a amostra de solo ali colocada.
6. Com a ajuda de um colega, despeje, ao mesmo tempo, dois copos com água em cada um dos filtros.
7. Observe se haverá e como será a infiltração da água pelo solo; preste atenção ao tempo de absorção e em como ficará o solo após a adição da água.

2 Depois de realizar o experimento, responda às questões no caderno.

a) Em qual das amostras a água levou mais tempo para pingar?

b) Qual é a cor da água que saiu de cada amostra?

c) Qual delas secou mais rapidamente?

d) De acordo com as observações, qual solo foi mais permeável? E o menos permeável?

e) Por que os solos mais permeáveis são desfavoráveis ao crescimento da maioria das plantas?

ATIVIDADES

1) Quais são os quatro principais componentes do solo?

_____

2) Ordene corretamente as etapas de formação do solo usando números.

a) ☐ Depois as rochas vão se quebrando em pedaços cada vez menores.

b) ☐ Há fragmentos de rochas.

c) ☐ Até que se formam os pequenos grãos soltos.

d) ☐ Esses fragmentos sofrem transformação em decorrência de chuva, vento, calor e outros agentes.

3) Pinte as camadas do solo que devem ser apresentadas na ilustração ao lado. Pinte de vermelho a camada mais rica em matéria orgânica e de azul a camada que mais se assemelha à rocha-mãe. Em seguida, escreva o nome das camadas.

4) No espaço a seguir, desenhe um solo rico. Identifique cada elemento que você ilustrou.

5 Identifique se as características a seguir correspondem aos solos arenosos (**1**) ou aos solos argilosos (**2**).

a) ☐ Contém maior quantidade de areia do que de outros minerais.

b) ☐ Contém maior quantidade de argila do que de outros minerais.

c) ☐ É pouco permeável.

d) ☐ É muito permeável.

e) ☐ Pode apresentar diferentes colorações.

f) ☐ Pode apresentar-se muito úmido ou duro.

g) ☐ Geralmente é seco e com poucos nutrientes.

6 Faça nos quadros abaixo esquemas que mostrem os espaços que há entre os grãos de areia nos solos arenosos e os grãos de argila nos solos argilosos.

SOLO ARENOSO	SOLO ARGILOSO

PESQUISANDO

1 Procure informações sobre os tipos de solo mais comuns nas regiões em que você vive. Pesquise se eles são mais permeáveis ou menos permeáveis, se são bons para a agricultura e quais produtos se desenvolvem melhor nesses solos.

_____
_____
_____
_____
_____

As rochas e os minerais do subsolo

A camada que se encontra abaixo do solo é constituída de rochas e denomina-se **subsolo**. As grandes rochas que vemos na superfície, e que muitas vezes formam montanhas inteiras, são prolongamentos de rochas do subsolo.

As águas dos rios e das chuvas podem penetrar no solo, passar pelas rochas permeáveis (com poros de passagem) e acumular-se no subsolo sobre rochas impermeáveis, que impedem sua passagem. Essas águas formam os aquíferos, reservas de águas subterrâneas que abastecem poços e nascentes de rios. No subsolo também se encontram petróleo e gás. Esses três recursos são valiosos, e são muito explorados pelos seres humanos, como veremos na próxima unidade.

As rochas são formadas por **minerais**, materiais sólidos que ocorrem naturalmente na superfície da Terra. Cada mineral apresenta características próprias, como composição (de que é feito), estrutura (áspera, lisa, com ou sem poros etc.) e propriedades (como cor, dureza e transparência). Cerca de 30 minerais são comuns na superfície terrestre, entre eles estão ferro, cobre, ouro, prata, diamante e chumbo.

Minério valioso

O ouro é um metal brilhante e amarelo. É sólido, contudo é muito mole para ser usado sozinho, sendo misturado a outros metais para ficar mais duro. É largamente empregado em joias.

As montanhas de rocha mostram apenas uma parte da sua estrutura, a outra parte está no subsolo.

▼ Na Cordilheira das Montanhas Rochosas, no oeste dos Estados Unidos, há picos que chegam a mais de 4 mil metros acima do nível do mar.

Em locais onde há neve, a infiltração no solo ocorre quando elas derretem no verão e infiltram-se. Em outros locais os rios e as chuvas é que fornecem água para formação dos aquíferos.

Nas Montanhas Rochosas, são encontrados grandes depósitos de cobre, ouro, chumbo, prata, tungstênio e zinco. Em seu subsolo há reservas de gás e petróleo.

◀ O ferro é um dos elementos mais abundantes do Universo e o segundo metal mais encontrado na crosta terrestre (o primeiro é o alumínio). É empregado em inúmeras formas pela indústria, e dele é feito o aço.

▲ De coloração avermelhada e conhecido desde a Pré-História, o cobre é um dos metais mais importantes industrialmente por ser bom condutor de eletricidade (é usado na produção de fios e cabos).

Pedras preciosas

As pedras preciosas são rochas muito raras, formadas por minerais. Essas rochas chamam a atenção por sua beleza, cor e transparência. Exemplos de pedras preciosas são os diamantes, as esmeraldas, os rubis e as safiras. Geralmente são polidas e então comercializadas, e muito utilizadas em joias. Algumas atingem valores fabulosos. Existem também as chamadas pedras semipreciosas, que são compostas por minerais de menor valor, por exemplo, a ametista.

◀ As **esmeraldas** apresentam coloração esverdeada e são muito valorizadas. Podem ser encontradas no Brasil.

◀ Os **rubis** são vermelhos e muito raros na natureza. São encontrados principalmente na Ásia, na África e na Austrália.

◀ Encontradas em diversas cores, a cor azul é a mais valorizada nas **safiras**. É muito rara no Brasil, e é encontrada em maior quantidade na Índia.

▼ Os **diamantes** são as pedras preciosas mais valiosas, por seu brilho e extrema dureza. É o mineral mais duro que existe, risca qualquer outro material, mas não pode ser riscado. Depois de lapidado, o diamante recebe o nome de brilhante. O maior diamante do mundo foi descoberto em 1905, na África do Sul, e denominado Cullinan. Pesava mais de 600 gramas. Foi dividido em pedaços menores, e o maior deles, chamado de Grande Estrela da África, está afixado na coroa da rainha da Inglaterra.

Fósseis

As rochas também podem conter muita história. Seu estudo fornece informações sobre a vida na Terra em eras geológicas passadas.

Um tipo específico de rocha, chamada rocha sedimentar, é formada do acúmulo de fragmentos de outras rochas. As camadas mais inferiores suportam peso maior de fragmentos e, por isso, são mais compactas. Algumas dessas camadas podem conter **fósseis**.

Os fósseis são, em geral, restos de animais ou de plantas conservados em rochas sedimentares por milhares ou milhões de anos. Os cientistas estudam os fósseis para ter mais informações sobre os seres vivos que habitavam a Terra em eras passadas, e que já não existem mais.

1 Quando um animal morre, o seu organismo começa a ser decomposto.

2 Para que ocorra a fossilização, esse organismo precisa ser rapidamente coberto por sedimentos, o que evita sua decomposição.

3 Com o passar dos anos, novas camadas de sedimento são adicionadas, enterrando as camadas mais antigas.

4 A erosão expõe o fóssil.

Normalmente, na fossilização em rochas sedimentares apenas as partes duras de um animal, como o esqueleto, são conservadas. Os fósseis, porém, podem também ser formados por congelamento ou por envolvimento em um tipo de resina chamada âmbar – ambos os processos conservam os organismos, muitas vezes intactos. Vestígios muito antigos deixados por seres vivos, como pegadas, também são considerados fósseis.

◄ Fóssil de peixe pré-histórico.

◄ Mosquito pré-histórico conservado em âmbar.

ATIVIDADES

1. Denominamos de _____ a área abaixo do solo. Neste local há rochas _____, por onde a água pode passar, e rochas _____. Essas rochas são formadas por _____.

2. Cite cinco minerais que podem ser extraídos do subsolo.
   _____

3. Cite o nome de três pedras preciosas.
   _____

4. Por que os fósseis são importantes para a Ciência?
   _____
   _____

5. Analise este fóssil e responda às questões a seguir no caderno.
   a) É o fóssil de um animal ou de um vegetal?
   b) Esse fóssil provavelmente tem uns 100 anos ou milhares de anos?
   c) Ele está conservado em âmbar ou em rocha sedimentar?

Conservação do solo
Erosão

▲ A Pedra Furada, em São Raimundo Nonato, no Piauí, é um exemplo de rocha que foi erodida pela ação do vento.

O vento e a água levam partes do solo de um lugar para o outro, provocando seu desgaste. Esse fenômeno é chamado de **erosão**. Em áreas desmatadas a erosão é mais intensa, pois o solo fica exposto.

Essa erosão causada pelo vento e pela água é denominada, respectivamente, de erosão eólica e erosão hídrica.

- **Erosão eólica** – É a erosão causada pelo vento. O vento carrega areia e poeira e esses elementos acabam desgastando as rochas. Outras vezes arrasta areia para outros lugares, formando dunas ou montes de areia.

▲ A erosão eólica vem há anos carregando as dunas no norte da Jutlândia, na Dinamarca. Nas imagens, observe o farol e os prédios antes e depois de serem engolidos pela areia.

- **Erosão hídrica** – É a erosão causada pela ação da água. É denominada erosão **pluvial** quando é causada pela água da chuva, que forma enxurradas e carrega grande parte do solo, deixando apenas uma parte fina e esburacada. Por carregar a camada superficial, rica em matéria orgânica, deixa o solo mais pobre para o plantio. Também pode ser **fluvial**, quando é causada pela água dos rios; **marinha**, quando causada pela água dos mares; e **glacial**, quando é causada pelas geleiras. O descongelamento das geleiras das montanhas produz grande quantidade de água, que desce para os terrenos mais baixos, arrastando o solo e fragmentando as rochas.

◀ O Antelope Cânion é uma bela formação no estado do Arizona, nos Estados Unidos. Foi esculpido durante milhões de anos pelas águas dos rios, sendo, portanto, um tipo de erosão hídrica fluvial.

▲ A erosão hídrica marinha tem destruído o calçamento da orla de Matinhos, no estado do Paraná.

Muitos tipos de erosão podem ser evitados com o plantio de diferentes espécies de plantas nos terrenos desmatados, como margens de rios, encostas de morros ou mesmo ao redor de áreas construídas.

O solo e a agricultura

O ser humano começou a cultivar o solo por volta de 7 mil anos antes de Cristo (a.C.). Antes disso, as pessoas apenas caçavam e coletavam vegetais na mata. A tarefa de coletar plantas e cultivar certo número delas para seu sustento revolucionou a história da humanidade, trazendo avanços nas técnicas e fazendo crescer as populações.

▶ Leon Augustin Lhermitte. Colheita, 1874. Óleo sobre tela, 122 × 205 cm.

O manejo das plantas e do solo tornou-se uma ciência que se desenvolveu continuamente, e hoje várias práticas são efetuadas para garantir a produção dos campos. Vamos conhecer algumas.

- **Adubação**: consiste na aplicação de substâncias nutritivas no solo, para que fique fértil. É feita com adubos ou fertilizantes, que podem ser orgânicos, como o estrume de animais, folhas e frutos em decomposição; ou inorgânicos, como os sais minerais já presentes no solo ou preparados pelas indústrias.

◄ Os adubos químicos são compostos de minerais que oferecem às plantas nutrientes necessários ao seu desenvolvimento.

- **Aragem**: consiste em afofar e revolver a terra. Esse processo permite a entrada de ar no interior do solo, deixando a terra fofa, preparada para o plantio. A aragem do solo pode ser feita com enxadas, pás e arados (puxados por animais ou tratores).

▲ Antigamente, o trabalho agrícola dependia da força humana e de outros animais.

▲ Em lugar da força humana ou do uso de animais, a utilização de tratores no início do século XX facilitou muito o trabalho de aragem do solo.

- **Drenagem**: é o escoamento que se faz por meio da abertura de valas, do bombeamento ou colocação de tubos para drenar o excesso de água para outros terrenos, rios ou lagos.
- **Irrigação**: processo usado para proporcionar às plantas a quantidade de água que elas precisam para seu desenvolvimento. A irrigação pode ser feita com o desvio da água dos rios para que chegue por meio de canais à lavoura, por aspersão (sistema de "chuveirinhos") ou por regadores.

Protegendo o solo

Podemos proteger o solo adotando medidas como as mencionadas a seguir.

- Não despejar lixo em locais inapropriados, pois a matéria orgânica deteriorada libera líquidos tóxicos (chorume) que se infiltram, podendo alcançar os lençóis subterrâneos de água, de onde muitas pessoas retiram água para beber.
- Não realizar queimadas nem derrubar as matas. Essas práticas causam perda de nutrientes e deixam o solo descoberto e exposto à ação do vento e da água, causando a erosão.
- Não depositar fezes humanas no solo. Nelas estão presentes microrganismos que causam doenças.
- Evitar uso de inseticidas (agrotóxicos) em excesso nas plantações, pois se acumulam nas plantas e prejudicam nosso organismo. Podem também poluir o solo com agentes químicos nocivos, chegando a atingir fontes de água, por infiltração ou levados pelas chuvas aos rios.

ATIVIDADES

1) Seu Josué resolveu desmatar boa parte de seu terreno alegando que tanto mato atrai bichos. Seu vizinho, o compadre Tenório, argumentou que ele não deveria fazer isso, pois tem chovido muito e o solo sofreria erosão. Foi o suficiente para começar uma grande discussão. Analise a situação e responda, em seu caderno, às questões a seguir.

Seu intrometido!.

Seu ignorante!

a) Qual dos dois tem mais razão?

b) O que é erosão e quais são os tipos de erosão?

c) Quais são os tipos de erosão hídrica?

d) Qual tipo de erosão hídrica provavelmente pode afetar o solo do seu Josué?

2) Assinale com um **X** a afirmação **errada** sobre a erosão.

a) ☐ Arrastar areia formando dunas é próprio da erosão eólica.

b) ☐ A areia e a poeira carregadas pelo vento desgastam as rochas.

c) ☐ A erosão marinha é causada pela água do litoral.

d) ☐ A erosão é necessária para o cultivo de plantas.

e) ☐ Na erosão glacial a água do degelo arrasta solo e fragmentos.

3 Ligue o início das frases a seu complemento.

a) O solo começou a ser cultivado

b) Foi uma revolução na história da humanidade

c) O solo se torna mais fértil com

d) O processo que possibilita o afofamento e a entrada de ar

- no solo é a aragem.
- adubação, seja orgânica seja com fertilizantes.
- há cerca de 7 mil anos a.C.
- começarmos a cultivar alguns vegetais.

4 Identifique nos desenhos o tipo de técnica para o cultivo do solo.

a) _____

b) _____

c) _____

d) _____

5 Reescreva corretamente as frases a seguir no caderno.

a) É preciso deixar lixo no chão, já que a matéria deteriorada libera líquidos favoráveis ao solo.

b) As fezes humanas devem ser usadas como adubo, pois têm microrganismos favoráveis à saúde.

c) Queimar a mata é bom porque aumenta a oferta de nutrientes ao solo, bem como desmatar é benéfico para combater a erosão.

PEQUENO CIDADÃO

Alimentos orgânicos: o solo agradece!

A agricultura orgânica ou biológica é o cultivo de alimentos vegetais sem a utilização de produtos químicos produzidos por indústrias.

Quem utiliza esse sistema acredita que ao receber matéria orgânica como adubo, o solo se mantém livre dos efeitos químicos dos fertilizantes e, consequentemente, as pessoas que se alimentarem desses produtos serão mais saudáveis. Esses adubos podem ser húmus de minhoca, estrume de gado e restos de plantas decompostos, por exemplo.

Os produtores orgânicos também não usam pesticidas contra plantas invasoras e contra as chamadas "pragas" agrícolas, eles deixam que o mato cresça em volta ou capinam a área. Eles acreditam que a falta de mata é que causa a proliferação das "pragas". Além disso, fazem uso do controle biológico, o que é bem interessante: um organismo é usado contra o outro. Joaninhas, por exemplo, podem ser introduzidas na lavoura para atacar pulgões que estejam devorando as folhas das plantas.

BRINCANDO

1. A rainha da Inglaterra, Elisabeth II, ficou tão fascinada pelas riquezas do solo que pediu ao bibliotecário real para descobrir quais outros elementos valiosos se escondem no chão. Encontre no diagrama de palavras quais foram os achados.

◀ Rainha Elisabeth II utilizando a coroa real. Note que na parte frontal está o diamante Grande Estrela da África.

```
G A S Á T U G A S Á T U E L F E R R O
O R Z R E S O R Z R E S A F L E S O L
D U L V M E D I A M A N T E A M E D A
R G A O U R O G A P N I C M A N I R A
M O E R L I M O E E L I R L I L I S I
I V C O B R E V E T R N L U N R N A N
  F O B R L E F R B C Ç T B B R F E
  P R A T A A R Ó T I H S A I I I A
  P A R A E S P L R A D U S R A R S
  N U E M B O N E E M A C M E M A E
  Z R E S O R Z O E S A F L B S A L
  L E S M E R A L D A R I A M O D A
  A O N I R G A O N I C M A N I E A
  E E R N U V E E R N A L R E N U N
```

UNIDADE 5 — Recursos naturais

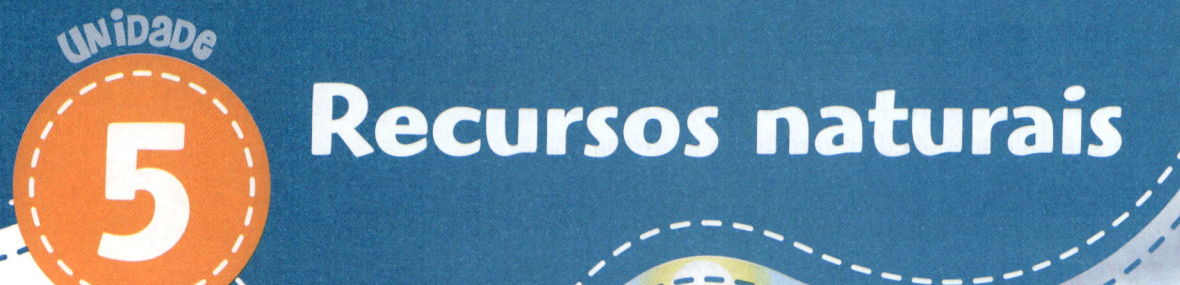

Por que os elementos desta página estão sendo apontados como recursos naturais?

Recursos naturais são os elementos da natureza que podem ser aproveitados pelos seres humanos, como a luz do Sol, o solo, os minerais, o ar, a água, os outros animais e as plantas.

Esses recursos são indispensáveis para os seres vivos e o ser humano deve utilizá-los de forma responsável para que eles não se esgotem nem fiquem poluídos.

Os recursos naturais podem ser classificados em: **renováveis** e **não renováveis**. Estar em uma categoria ou em outra depende da disponibilidade do recurso e da capacidade de ele se regenerar.

Vamos conhecê-los melhor nas páginas seguintes.

Sol

ar

plantas

água

solo

Recursos renováveis

Recursos renováveis são aqueles que não se esgotam apesar de sua utilização. Podem retornar à natureza ou se regenerar naturalmente a uma proporção maior que o consumo humano. É o caso, por exemplo, da luz solar e do vento.

Alguns recursos são chamados de potencialmente renováveis, porque eles apenas se renovam se o consumo humano for controlado. Esse é o caso das plantas e dos outros animais.

▲ A luz do Sol é utilizada pelos seres humanos como fonte de luz e de calor.

◀ Parque eólico no Rio Grande do Norte. Os ventos podem ser utilizados para gerar energia elétrica, secar roupas, mover máquinas como o moinho etc.

▲ Usina hidrelétrica de Xingó, entre os estados de Sergipe e Alagoas, no Rio São Francisco. A água proporciona diversas utilidades para os seres humanos, como geração de energia, limpeza, irrigação, além de ser essencial para a sobrevivência. A água é considerada um recurso renovável. No entanto, o consumo desenfreado e a poluição dificultam seu retorno ao ambiente.

▲ Boiadeiro montado a cavalo tange boiada no Pantanal. Diversos animais são utilizados pelos seres humanos como alimento. Deles podem ser retirados a lã, o couro ou a pele para a fabricação de roupas, sapatos, malas e outros produtos. Eles também podem ser utilizados como meio de transporte e como força de trabalho.

▲ Flores ornamentais produzidas em Holambra, São Paulo. As plantas podem ser utilizadas pelos seres humanos na decoração, como alimento, como fonte de madeira para a construção civil, na composição de cosméticos e de borracha e como matéria-prima para diversos produtos.

Recursos não renováveis

Recursos não renováveis são os elementos naturais que não são formados novamente, ou demoram milhares de anos para ser formados. São exemplos alguns minerais, como o ouro e o diamante, o petróleo, o gás natural e o urânio.

Muitos minerais são extraídos do ambiente e usados na confecção de diversos produtos utilizados pelos seres humanos, como joias, peças para computador, embalagens de alumínio etc. A tela de Johann Moritz Rugendas. *Mineração de ouro próximo ao Morro Itacolomi*, 1822-1825. Aquarela, 23,6 × 27,3 cm, mostra a mineração de ouro em Minas Gerais, em 1822. Essa atividade foi um bom exemplo de como os minerais são recursos não renováveis, pois foi extraído do solo praticamente todo o ouro que existia em Ouro Preto.

O petróleo é um dos principais recursos naturais explorados pelos seres humanos. Foi formado durante milhões de anos por plantas e algas cobertas por sedimentos no subsolo dos continentes e dos mares. Ao ser transformado, o petróleo dá origem a diversos produtos muito comuns no nosso dia a dia, como a gasolina, o plástico e o asfalto.

O gás natural é encontrado no subsolo terrestre; é resultante da degradação da matéria orgânica submetida a altas pressões e alta temperatura. Composto principalmente por metano, é um importante combustível, utilizado em indústrias, residências e automóveis. É uma fonte de energia mais limpa do que as fontes derivadas de petróleo. A imagem mostra gasoduto criado em cooperação entre Brasil e Bolívia, em 1999.

O urânio é um elemento químico radioativo encontrado na natureza. Ele é utilizado como combustível nas usinas nucleares, para a geração de energia elétrica. Como muitos outros minerais encontrados no subsolo, é um recurso não renovável. Na fotografia vemos o urânio em estado bruto.

ATIVIDADES

1 A que tipo de recurso natural se referem as definições a seguir?

a) Há recursos que retornam à natureza ou se regeneram a uma proporção maior que o consumo humano. Apesar do uso, não se esgotam.
_____

b) São recursos que demoram milhares de anos para ser formados. Além da necessidade desse longo tempo, pode ser que não se formem nunca mais.
_____

2 Marque **V** para indicar as frases verdadeiras e **F** para as falsas.

a) ☐ O petróleo é um recurso natural renovável utilizado na produção de gasolina e plásticos.

b) ☐ O ouro e o diamante são recursos não renováveis.

c) ☐ A energia eólica, gerada por turbinas dentro da água, é capaz de fornecer eletricidade para as residências.

d) ☐ Há roupas que podem ser produzidas de matéria-prima animal, que é um recurso não renovável.

e) ☐ O Sol é um recurso que fornece luz e calor, apesar de não renovável.

f) ☐ As hidrelétricas são um exemplo de utilização da água pelos seres humanos.

g) ☐ O gás natural é um tipo de recurso que não se esgota na natureza.

h) ☐ O urânio, empregado na produção de energia atômica, é um tipo de recurso que pode se esgotar.

3 Observe as imagens a seguir e aponte a que recurso natural se referem.

a)

c)

e)

b)

d)

Recursos naturais e energia

A água como fonte energética

Cerca de 80% de toda a energia elétrica produzida no Brasil vem de usinas **hidrelétricas**. Elas funcionam com base na força do movimento da água, que faz as turbinas girarem e produzirem energia elétrica.

Esse tipo de geração de energia utiliza um recurso natural renovável e não poluente, a água. No entanto, a construção de uma hidrelétrica pode ter grande impacto no ambiente, pois florestas e matas são inundadas, o que leva diversos seres vivos a perder seu hábitat.

▲ Itaipu é a segunda maior usina hidrelétrica do mundo. Está em funcionamento desde 1982, localiza-se no Rio Paraná e é uma usina binacional, visto que foi construída pelo Paraguai e pelo Brasil e fornece energia elétrica para esses dois países.

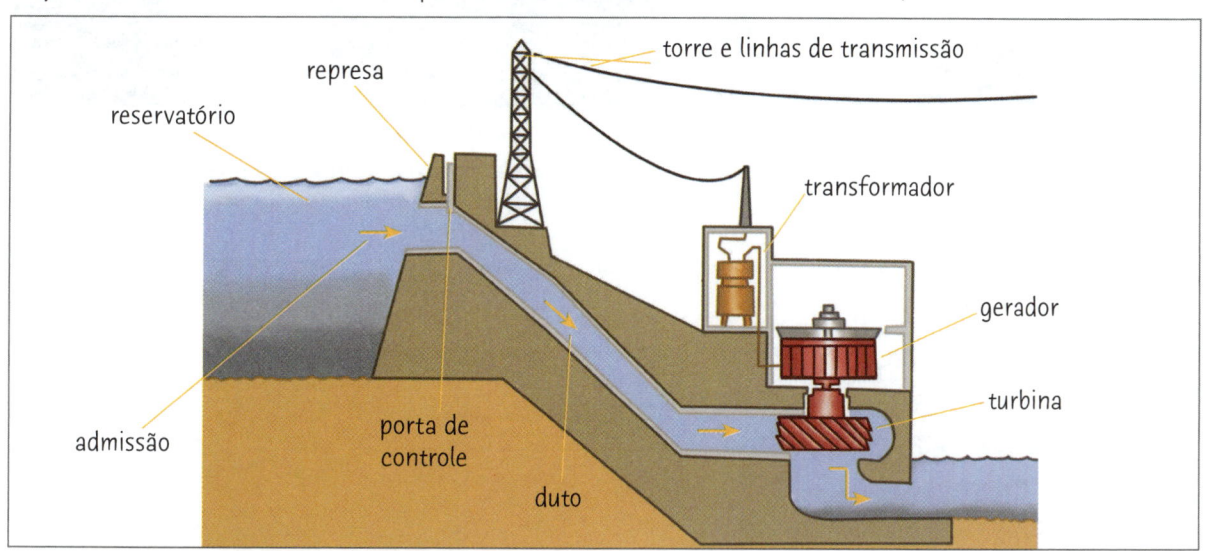

SAIBA MAIS

A água pode acabar?

Não, a água não corre o risco de acabar. No entanto, o mal uso e o desperdício podem fazer com que ela falte em algumas localidades ou se torne imprópria para o consumo em muitas outras.

Como vimos, a quantidade de água potável disponível no planeta Terra é muito pequena. Aproximadamente apenas 3% da água do planeta é doce; 79% da água doce encontra-se nas geleiras; 20% são águas subterrâneas; e cerca de 1% corresponde à água doce disponível em lagos e rios.

A água no mundo
- 97%: água marinha
- 3%: água doce

Total de água doce
- 79%: gelo
- 20%: águas subterrâneas
- 1%: água doce superficial

Muitos rios e lagos do planeta estão sendo poluídos por ação humana, tornando sua água imprópria para o consumo, diminuindo ainda mais essa quantidade e dificultando o acesso à água potável.

Como a quantidade de água potável superficial é muito pequena, uma alternativa, apesar de mais custosa e trabalhosa, é obter águas subterrâneas.

Cerca de 10% dos domicílios brasileiros utilizam exclusivamente água subterrânea para seu abastecimento, o que não é pouco. De maneira geral, as águas subterrâneas, por causa de sua localização, são mais protegidas da poluição do que as águas superficiais; entretanto, podem ser poluídas, principalmente como consequência da contaminação do solo, seja por lixo ou uso de agrotóxicos.

▲ O Rio Subaé, no Recôncavo Baiano, era limpo, e as pessoas podiam nadar, pescar e beber a sua água.

▲ Atualmente, boa parte desse rio está poluída, e várias campanhas têm sido feitas para que ele volte a ser como era.

Um tipo de água doce subterrânea que abrange grande áreas são os aquíferos. Eles abastecem vários rios quando afloram na superfície. Além disso, podem ser utilizados mediante a construção de poços artesianos.

O aquífero mais importante do Brasil é o Aquífero Guarani. Considerado o maior aquífero do mundo, ele é uma imensa reserva de água doce já em uso, mas que poderá ser ainda mais utilizada no futuro. Localiza-se na região centro-sudoeste do Brasil e também ocupa parte do subsolo de outros países da América do Sul: Argentina, Uruguai e Paraguai.

Brasil: Aquífero Guarani

Fonte: Instituto de Geociências. Universidade de São Paulo.
Disponível em: <www.igc.usp.br/Geologia/aquifero_guarani.php>.
Acesso em: set. 2008.

Energia solar e energia eólica: as energias limpas do futuro

A energia solar e a energia eólica (dos ventos) têm sido cada vez mais valorizadas por representarem energia limpa, de fonte renovável, ou seja, não geram poluição, tampouco se esgotam. Por isso, são consideradas alternativas para a geração de energia elétrica no futuro.

Energia eólica: é a energia produzida pelo movimento dos ventos, que gira as pás de grandes turbinas. Essas turbinas são torres com cerca de 50 metros de altura, que geram energia elétrica. Uma desvantagem é o fato de os ventos não ocorrerem com a mesma intensidade em todos os lugares; por isso, somente em algumas regiões, as chamadas "fazendas eólicas", podem ser instaladas. No Brasil, há fazendas eólicas no Rio Grande do Norte e no Rio Grande do Sul, sendo, portanto, áreas adequadas à captação desse tipo de energia. Há, no entanto, muitas outras localidades onde essas fazendas podem ser instaladas.

Energia solar: é a energia proveniente do Sol, captada por painéis solares e transformada em energia elétrica. O Sol é a mais abundante fonte de energia em nosso planeta. Essa energia é utilizada para que a vida exista, afinal, sem esse imenso gerador celeste tudo aqui seria congelado. A novidade é que de uns anos para cá essa energia tem sido utilizada para produzir energia elétrica.

Hoje há tecnologia suficiente para converter as ondas de calor em impulsos elétricos, os quais têm sido usados para mover máquinas, produzir luz e até movimentar carros. Outra vantagem das residências adaptadas para coletar essa energia, é que o calor do Sol pode ser armazenado para aquecer a água do chuveiro, que é o maior consumidor de eletricidade.

Uma desvantagem dessa fonte energética é que a instalação dos painéis de captação é cara, mas o custo tende a cair nos próximos anos. É, sem sombra de dúvida, a energia do futuro.

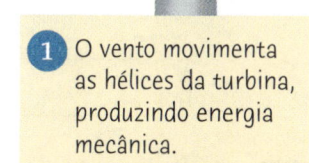

Turbina eólica.

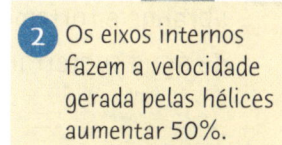

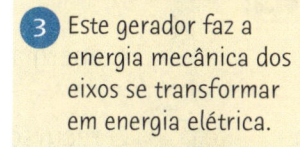

1. O vento movimenta as hélices da turbina, produzindo energia mecânica.

2. Os eixos internos fazem a velocidade gerada pelas hélices aumentar 50%.

3. Este gerador faz a energia mecânica dos eixos se transformar em energia elétrica.

4. Os cabos levam a energia para a rede de transmissão.

Painéis de captação de energia Solar. No Brasil, há poucos equipamentos desse tipo, embora tenha grande potencial para esse recurso, recebendo energia do Sol correspondente a cerca de 50 mil vezes seu consumo anual.

ATIVIDADES

1 Complete a frase a seguir.

Uma usina hidrelétrica funciona mediante a força do movimento da _____, que faz girar diversas _____, o que leva à produção de energia _____.

2 Responda ao que se pede com suas próprias palavras.

a) Qual é a vantagem de uma usina hidrelétrica para o meio ambiente?

_____
_____

b) Qual é a desvantagem de uma usina hidrelétrica para o meio ambiente?

_____
_____

3 No mapa da página 86 vemos a localização do Aquífero Guarani. Sabendo que a área que ele abrange é fortemente agroindustrial, que problemas esse fato pode causar a essa reserva de água subterrânea?

_____

4 Assinale com um **X** as alternativas verdadeiras.

a) ☐ A energia solar e a energia eólica são tipos de energia limpa.

b) ☐ O recurso utilizado nas hidrelétricas é um recurso não renovável.

c) ☐ No Brasil, a energia é proveniente principalmente de hidrelétricas.

d) ☐ A energia solar é o principal tipo de energia atualmente utilizada no mundo.

e) ☐ A energia eólica utiliza um recurso não renovável.

5 Por que a energia eólica será uma fonte energética complementar, mas não a principal, em muitos países?

_____
_____

6 Por que a energia solar será, sem nenhuma dúvida, a principal fonte energética do futuro?

_____
_____

Combustíveis fósseis

O **petróleo**, o **gás natural** e o **carvão mineral** são exemplos de combustíveis fósseis. São chamados de fósseis porque foram necessários milhões de anos para se formarem no subsolo. Esses recursos **não renováveis** são muito utilizados para a geração de energia. O consumo de modo exagerado pode levá-los ao desaparecimento da natureza.

Petróleo

O petróleo tem origem na transformação da matéria orgânica (restos de plantas, algas e animais) depositada no fundo de lagos e mares durante milhões de anos. É uma substância oleosa e inflamável (que pega fogo) de coloração geralmente escura. É o combustível fóssil mais utilizado, e corresponde a cerca de 35% da fonte de energia do planeta. Com ele é feito principalmente a gasolina, o óleo diesel (para ônibus, caminhões e aviões) e sacolas plásticas.

O Brasil e o pré-sal

No Brasil, a maior parte das reservas de petróleo encontra-se no fundo do mar. São os chamados campos marítimos. É o resultado do acúmulo de matéria orgânica no fundo do oceano durante milhões de anos.

Agora, já pensou ter de retirar petróleo do mar e perfurar o subsolo a grandes profundidades? Esse é o desafio brasileiro com o pré-sal, uma reserva profunda, que tem ainda o agravante de estar isolada por uma camada sólida de sal, como se fosse uma laje. Veja no esquema ao lado como isso ocorre.

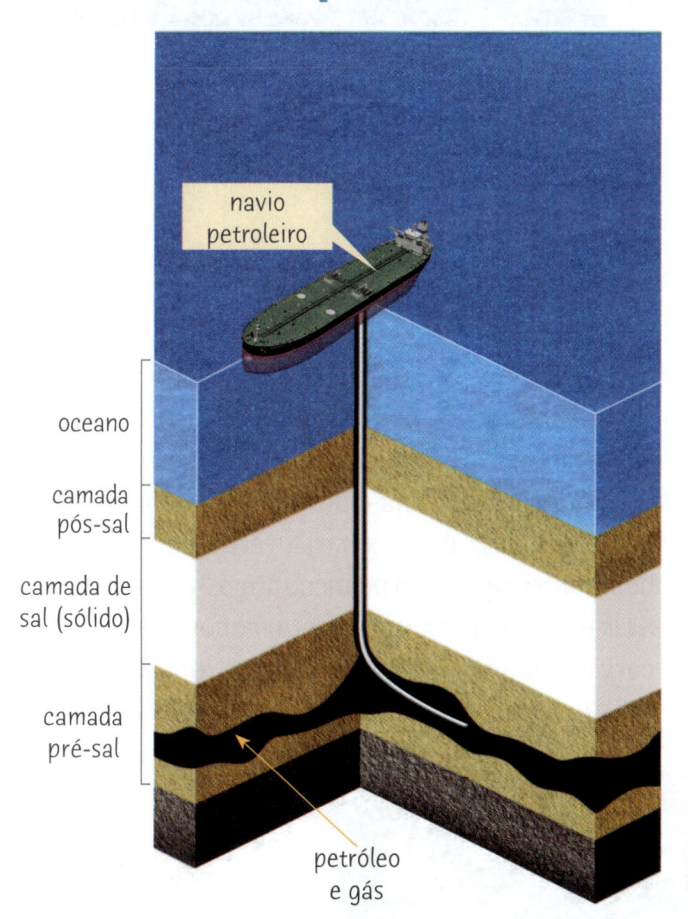

Plataforma de extração de petróleo em alto mar, no litoral do Rio de Janeiro, RJ. No Brasil, a empresa responsável pelo gerenciamento de extração de petróleo é a Petrobras.

SAIBA MAIS

Além do problema de ser não renováveis, os recursos fósseis são responsáveis por grande parte da poluição atmosférica. Ao serem utilizados para gerar energia, são lançados no ambiente na forma de monóxido de carbono, o que piora a qualidade do ar e aumenta o fenômeno do aquecimento global.

Carvão mineral

O carvão mineral se formou da decomposição de restos vegetais acumulados em ambiente pantanoso, sem a presença de oxigênio, há milhões de anos.

Sua exploração é realizada em minas, geralmente subterrâneas. Atualmente, essa forma de energia está entrando em desuso, por produzir diversas substâncias altamente tóxicas e poluentes atmosféricos. É utilizado ainda em algumas usinas termelétricas, que geram energia elétrica com base no calor.

▲ As condições de trabalho em minas subterrâneas de carvão geralmente são ruins. Além de o ambiente ser no subsolo, sem luz e com pouco ar, há constantes riscos de desabamentos.

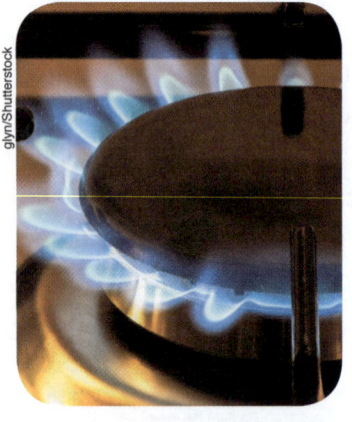

Gás natural

O gás natural é encontrado no subsolo, acumulado geralmente no mesmo local onde existe petróleo. Também é possível a transformação do petróleo em gás natural. Ele é formado pela decomposição da matéria orgânica a temperaturas e pressões elevadas. Apresenta alto teor energético e é muito utilizado na indústria — na geração de energia elétrica —, nas residências e como combustível de automóveis.

Apesar de também contribuir para a poluição atmosférica, entre os combustíveis fósseis é o mais limpo, pois libera menos poluentes que o petróleo e o carvão mineral. Estima-se que, no ritmo de consumo atual, as reservas de gás natural se extinguirão em 100 anos.

▲ Você sabia que o Gás Liquefeito de Petróleo (GLP), ou gás de cozinha, encontra-se em grande parte em estado líquido dentro do bujão? Ele transforma-se em gás no meio externo. Outra curiosidade é que esse gás naturalmente não tem cheiro; por medida de segurança é adicionado um elemento químico que lhe confere o seu cheiro característico.

◄ O Gás Natural Veicular (GNV) é quimicamente diferente do GLP. Além disso, ele já está armazenado em estado de vapor. Atualmente, circulam mais de 1 milhão de carros a gás no Brasil.

Biocombustíveis

Os biocombustíveis são recursos alternativos ao uso de combustíveis fósseis. Eles são fabricados de matéria-prima vegetal, um recurso potencialmente renovável, que pode ser cultivado e reposto no ambiente. Uma vez utilizados, liberam menos monóxido de carbono na atmosfera e não contribuem com o aumento do efeito estufa, que leva ao aquecimento global.

A cana-de-açúcar já é usada no Brasil como combustível há um bom tempo, e dela é feito o **etanol**. A novidade é o **biodiesel**, que é produzido de vegetais que têm óleo, como a soja, a mamona e o girassol, entre outros. A ambição do governo é que nos tornemos futuramente grandes produtores mundiais de biocombustível.

Apesar das vantagens, há uma grande desvantagem em seu emprego. Para a produção de biocombustíveis são necessárias extensas áreas agrícolas, o que pode levar ao desmatamento de florestas. Outro problema é a ocupação de áreas que poderiam ser usadas para cultivos destinados à alimentação da população. A produção de biocombustíveis com base em algas marinhas poderia ser uma alternativa para solucionar esse problema.

▲ A principal produtora de etanol – que é feito de cana-de-açúcar – também é a empresa brasileira Petrobras.

▲ O biodiesel já faz parte de cerca de 5% da composição do diesel normal, mas esse valor tende a aumentar futuramente. O biodiesel pode ser fabricado com outros tipos de óleos, como de gordura animal e resíduos de fritura. Na imagem maior, há um transatlântico, meio de transporte marinho que pode ser movido a biodiesel. Nas fotografias menores, estão exemplos de vegetais que fornecem óleo para o biodiesel.

BRINCANDO

1) Você está craque em recursos energéticos? Responda a nossa enquete assinalando as respostas com um **X** e depois confira sua pontuação.

1. **A água é:**

   a) ☐ recurso natural renovável e não poluente.

   b) ☐ recurso natural renovável e poluente.

   c) ☐ recurso natural não renovável e poluente.

2. **O carvão mineral é obtido de:**

   a) ☐ árvores queimadas retiradas da floresta.

   b) ☐ restos de material vegetal fossilizado abaixo da terra.

   c) ☐ material acumulado da queda de cometas na atmosfera.

3. **Qual é o principal problema na utilização de energia eólica?**

   a) ☐ Liberação de gases causadores do efeito estufa na atmosfera.

   b) ☐ O vento gerado pelas pás acaba resfriando demais a atmosfera do planeta.

   c) ☐ Os ventos não ocorrem com a mesma intensidade em todos os lugares.

4. **Qual é a vantagem de se adquirir energia de biocombustíveis?**

   a) ☐ Pode ser adquirida de qualquer ser vivo, animal ou vegetal.

   b) ☐ Libera menos monóxido de carbono na atmosfera.

   c) ☐ O governo pode pagar em 10 vezes no cartão.

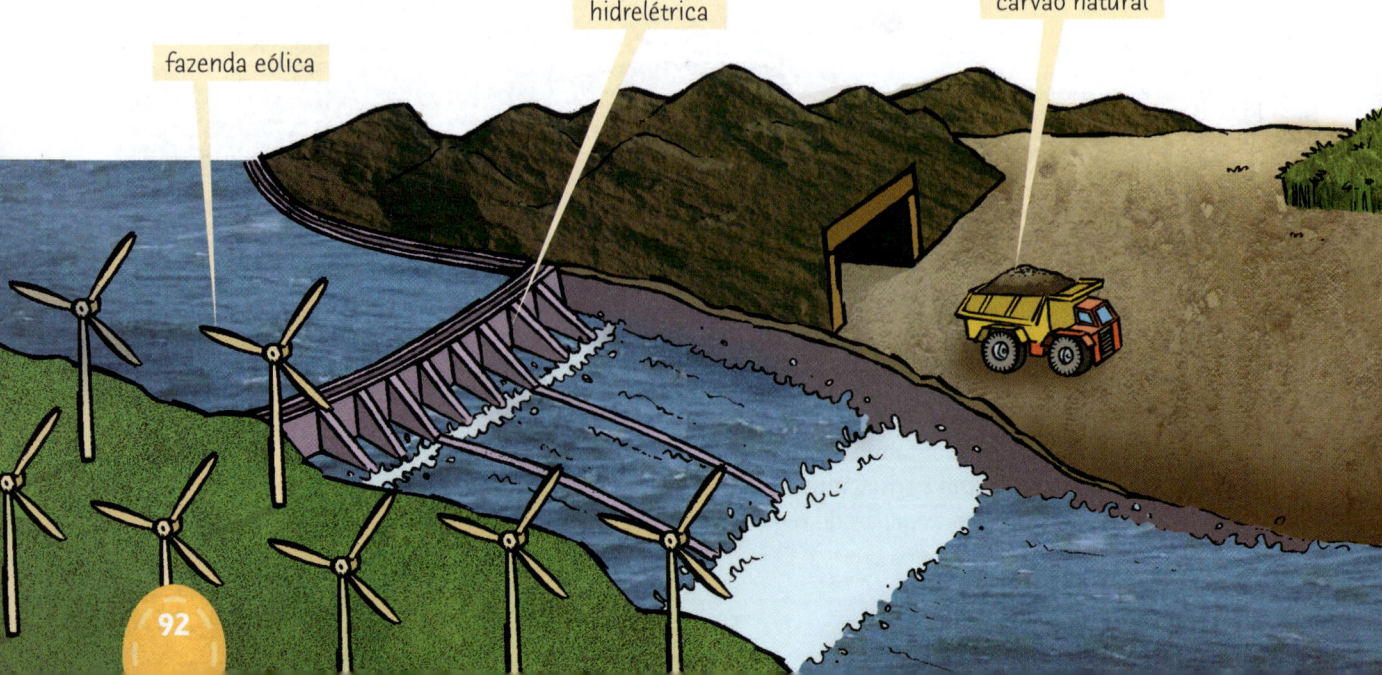

fazenda eólica

hidrelétrica

carvão natural

5. Qual é a desvantagem de se adquirir energia de biocombustíveis?

a) ☐ Pode acabar gerando mais desmatamento de florestas.

b) ☐ São necessárias torres de energia eólica para poder gerar energia.

c) ☐ Esse tipo de energia só pode ser adquirido de uma espécie de planta.

6. Por que o planeta inteiro não usa apenas a energia solar?

a) ☐ Porque a energia solar não pode ser usada para movimentar carros e máquinas.

b) ☐ Porque essa energia só pode ser absorvida no verão, quando a temperatura é mais alta.

c) ☐ Porque os painéis de captação de energia ainda são caros demais.

7. O que é pré-sal?

a) ☐ É o nome dado ao sal de cozinha antes de chegar ao consumo humano.

b) ☐ É a camada de sal no fundo do oceano que, como uma laje, recobre o poço de petróleo em alto-mar.

c) ☐ É uma forma de combustível derivada do petróleo.

Resultado:

Se você acertou de 5 a 7 respostas: Parabéns! Você entendeu bem a importância dos recursos naturais para o ser humano e como devemos usá-los de maneira consciente!

Se acertou de 3 a 4 respostas: Muito bom! Com um pouquinho mais de estudos, você chegará à perfeição!

Se acertou menos de 3 respostas: Não desista! Ainda dá tempo de você ficar fera no assunto!

---

biocombustível

energia solar

extração de petróleo

SAIBA MAIS

Energia nuclear: boa ou ruim?

Uma das formas mais eficientes e limpas de se obter energia elétrica é pelo controle de reações nucleares. As vantagens da energia nuclear se devem ao fato de ser um recurso abundante, de gerar muita energia e de sua utilização não liberar resíduos na atmosfera.

Tudo parece perfeito, não? No entanto, inexiste forma de gerar energia que seja mais combatida no planeta. A instalação de usinas nucleares continua sendo motivo de muito debate devido ao risco que ela representa ao ambiente e à saúde das pessoas em caso de acidentes, pois utiliza como matéria-prima o urânio, que depois de **enriquecido** se torna um material radioativo, altamente tóxico.

> **Enriquecido:** que se enriqueceu por meio de processo químico em que o urânio encontrado na natureza fica mais potente, pronto para ser usado em usinas e armamentos nucleares.

Além disso, os resíduos produzidos no processo de produção de energia elétrica a partir da energia nuclear são extremamente tóxicos e precisam ser devidamente armazenados por milhares de anos, até perder a atividade radioativa. Outro ponto desfavorável é a possibilidade de essa energia ser usada para produção de armas nucleares. Muitos países hoje têm esses armamentos, e a capacidade de destruição das armas é muito grande, causando a morte de milhares de pessoas e, nos sobreviventes, várias formas de câncer, além de deformações em recém-nascidos.

Cerca de 15% da energia mundial é proveniente de usinas nucleares. No Brasil, esse número corresponde a aproximadamente 3%, apesar de o país possuir a sexta maior reserva de urânio do mundo.

▲ Em 6 de agosto de 1945, no fim da II Guerra Mundial, uma bomba nuclear foi detonada pelos Estados Unidos na cidade japonesa de Hiroshima. Estima-se que morreram em razão desse ataque de 160 mil a 690 mil pessoas.

▲ As usinas nucleares do Brasil estão instaladas em Angra dos Reis, litoral sul do Rio de Janeiro. São duas em funcionamento, Angra 1 e Angra 2. Atualmente a usina Angra 3 está em fase de construção.

ATIVIDADES

1) Complete a frase a seguir.

O petróleo é formado da decomposição de _____ depositada no fundo de _____ durante _____ de anos.

2) Identifique a que tipo de combustível fóssil cada uma das frases corresponde.

a) É o mais utilizado: _____

b) É o mais limpo: _____

c) Foi muito utilizado em termelétricas: _____

d) É extraído geralmente de minas subterrâneas: _____

e) Há muitas reservas dele na camada pré-sal do Brasil: _____

f) É comumente utilizado no ambiente doméstico: _____

3) Associe e ligue os tipos de usina com a matéria-prima utilizada.

Matéria-prima   **Usina**

a) água   ■ hidrelétrica

b) carvão mineral   ■ nuclear

c) urânio   ■ termelétrica

4) Assinale com um **X** a alternativa que define o que é um biocombustível.

a) ☐ É um combustível de origem fóssil.

b) ☐ É uma fonte de energia não renovável.

c) ☐ É um combustível de origem animal.

d) ☐ É um combustível fabricado a partir de matéria-prima vegetal.

5) Observe a charge e responda a que afirmativa feita sobre os biocombustíveis ela se refere.

> Credo, sr. Chiu-Chiu, seu óleo de fritura está bom é de ser vendido para a Petrobras!

_____
_____
_____

6) Quais são os principais problemas da utilização dos combustíveis fósseis?
___
___
___
___

7) Qual é a diferença entre recurso natural renovável e não renovável?
___
___
___
___

8) Em sua opinião, deveríamos aumentar ou diminuir a quantidade de energia nuclear usada em nosso país? Por quê?
___
___
___
___
___

9) Por que usamos pouco a energia nuclear, já que ela não libera resíduos na atmosfera e parece ser tão abundante?
___
___
___
___
___

PESQUISANDO

1) Procure informações sobre a fonte da energia elétrica que chega à sua casa. Pesquise as vantagens e desvantagens de usarmos essa forma de recurso, escreva-as em uma folha de papel à parte e faça um desenho mostrando o caminho da energia elétrica até chegar na sua residência.

2) Procure informações sobre o acidente nuclear que aconteceu em Fukushima, Japão, em 2011.

UNIDADE 6
Os seres vivos e os ambientes da Terra

Olívia vive na Groenlândia, uma ilha localizada bem ao norte do planeta e que apresenta, durante boa parte do ano, clima extremamente frio e paisagem quase completamente coberta por gelo.

Ela e sua família estão conhecendo a Amazônia, localizada no Norte do Brasil.

Analisando as informações da página, discuta com os colegas o que faz com que a vegetação e os animais sejam tão distintos nesses dois locais do mundo.

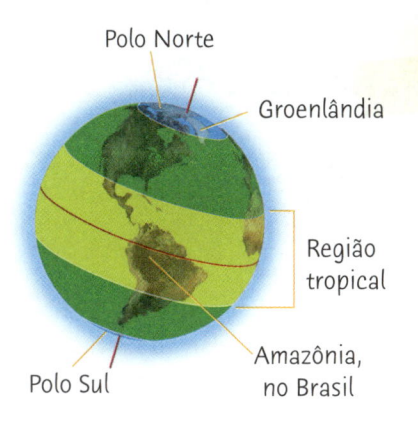

É muito diferente mesmo...

Estou adorando tudo isso! É tão diferente de casa!

Polo Norte
Groenlândia
Região tropical
Amazônia, no Brasil
Polo Sul

A vida no planeta Terra

A Terra é o único planeta onde há vida como a conhecemos. Em praticamente todos os lugares da superfície terrestre conseguimos encontrar vida. Mesmo nos ambientes que apresentam condições extremas, como temperaturas muito elevadas ou muito baixas, alta ou baixa pressão, falta de oxigênio e grandes profundidades, podemos encontrar seres vivos, principalmente bactérias e outros microrganismos.

Apesar disso, os animais e as plantas não estão adaptados a viver em qualquer tipo de ambiente, sendo encontrados somente sob determinadas condições.

Assim, diz-se que os seres vivos são **adaptados** ao ambiente em que vivem, ou seja, eles apresentam características que lhes permitem sobreviver em determinado local. Um pinguim que vive no gelo não estaria adaptado para viver em região tropical, assim como uma serpente da floresta não poderia viver na Antártica. O clima e a falta de alimento específico não permitiriam. Há também peixes que vivem somente em águas frias e aqueles que vivem apenas em águas salgadas. Há plantas que precisam de muito sol e água, há outras que não suportam muito sol e morrem com muita água.

▲ As bactérias termófilas são exemplos de seres vivos que vivem em lugares com altas temperaturas. Algumas são encontradas nas águas quentes dos gêiseres, entre 70 °C e 100 °C.

▲ O dromedário (uma só corcova) está adaptado a viver no deserto. Sua pelagem é mais rala para suportar, no verão, até 50 °C. Os pés largos o impedem de afundar na areia e ele pode ficar vários dias sem água. Mas, quando encontra um oásis, pode beber até 150 litros de água de uma vez.

▲ Já o boi-almiscarado está adaptado a viver em locais frios. Ele tem duas camadas de pelo, uma curta e outra longa, tem cascos grandes e duros para quebrar o gelo e beber a água que se encontra por baixo.

Diversidade dos seres vivos
A evolução das espécies

Como explicar a grande diversidade de espécies encontradas no planeta, que estão adaptadas aos mais diversos ambientes?

Os cientistas acreditam que a resposta dessa pergunta está em um processo que vem ocorrendo na Terra há milhões de anos – a **evolução** das espécies.

Inicialmente os cientistas perceberam, com base no estudo de **fósseis** (estudados na unidade 4), que as espécies que viveram no passado eram diferentes das que vivem atualmente, apesar de apresentarem algumas semelhanças. Assim, concluiu-se que as espécies passavam lentamente por mudanças ao longo dos tempos, ou seja, evoluíam. Portanto, evolução das espécies é o nome que se dá ao fenômeno de as espécies passarem por modificações no decorrer do tempo.

Da mesma forma que as espécies se modificam ao longo dos tempos, o ambiente em que elas vivem também passa por mudanças, que podem ou não mantê-lo habitável. No caso de o ambiente se tornar inabitável, a evolução das espécies contribui para a manutenção da vida, pois esse processo promove o surgimento de indivíduos que podem estar melhor adaptados ao novo ambiente. Assim, os indivíduos que não estão adaptados são naturalmente extintos, pois encontram dificuldades para sobreviver e deixar descendentes. Já os indivíduos mais bem adaptados são capazes de sobreviver e deixar descendentes, povoando o ambiente, constituindo assim uma nova espécie. A esse processo dá-se o nome de **seleção natural**.

Veja o exemplo a seguir.

A seleção natural favorece os indivíduos com algumas características que lhes dão vantagens para sobreviver e se reproduzir. Uns suportam melhor determinado clima, outros são mais rápidos, uns enxergam melhor, outros são bons em se camuflar etc. O interessante é que os indivíduos transmitem essas características vantajosas para seus descendentes e assim a espécie se mantém presente no ambiente.

▲ Houve tempos na história da Terra em que ela foi gelada. Foi a Era do Gelo. O mamute estava bem adaptado a esse clima frio; repare na quantidade de pelos do seu corpo, por exemplo.

▲ No entanto, depois de um tempo o clima mudou e se tornou quente. O mamute não se adaptou e foi extinto. Mas um parente seu, o elefante, se saiu melhor: ele tem menos pelos e presas menores, o que é bem mais prático na hora de se alimentar e se locomover.

Os indivíduos com menos chance de sobreviver muitas vezes morrem antes de se reproduzir, não gerando descendentes. Dessa forma, a população dessa espécie entra em declínio, ou seja, começa a diminuir e tende a entrar em extinção.

Veja este exemplo de seres diferentes em que um tem mais vantagem no ambiente em que vivem.

▲ A borboleta **A** apresenta coloração semelhante à das folhas da árvore; com isso é mais difícil de um predador enxergá-la. Essa característica lhe confere maior chance de sobrevivência em relação à borboleta **B**.

▲ A borboleta **B** apresenta coloração bem diferente das folhas da árvore; é mais fácil de um predador enxergá-la. Essa característica lhe confere menor chance de sobrevivência em relação à borboleta **A**.

ATIVIDADES

1 Faça a relação correta entre os animais e os ambientes a que eles estão adaptados.

1.   2.   3.   4.

2 Você vai para a Groenlândia e ganha uma árvore frutífera para plantar no Brasil. Aqui você mora em Pernambuco, no Nordeste. Essa árvore vai crescer e dar frutos? Explique.

_____

3 Analise as imagens abaixo e escreva legendas para cada uma delas explicando, com base no processo de seleção natural, como as borboletas brancas se extinguiram.

1

_____
_____

2

_____
_____

3

_____
_____

4

_____
_____

4 Em relação à atividade anterior, qual foi a vantagem evolutiva das borboletas marrons?

_____

PEQUENO CIDADÃO

Ao modificar o ambiente ou perseguir alguns animais, o ser humano pode causar a extinção de algumas espécies. A seguir, veja algumas regras para conhecer ambientes naturais sem prejudicar os hábitats.

- Nunca deixe lixo nos locais que você visita.
- Não retire nada do local, seja flores, ramos, ou mesmo o que estiver caído no chão.
- Não saia da trilha.
- Não faça barulho, não carregue aparelhos sonoros.
- Não interaja com animais selvagens.

Dinossauros

Os dinossauros são répteis que dominavam a Terra há milhões de anos, antes do surgimento dos seres humanos. Eles compunham um grupo muito variado de animais, podendo ser carnívoros ou herbívoros, atingir cerca de 25 metros ou ser tão pequenos como um camundongo.

Esses animais se extinguiram há cerca de 65 milhões de anos. Há várias teorias que procuram explicar esse fato; uma das principais sugere que um meteorito caiu na Terra e provocou uma grande nuvem de poeira que bloqueou a luz do Sol. Sem poder fazer fotossíntese, as plantas morreram, com isso, a disponibilidade de alimento para os dinossauros herbívoros tornou-se muito escassa, eles acabaram morrendo e, da mesma forma, os dinossauros carnívoros, já que o alimento destes também se tornara escasso.

1. O *Tyrannossaurus rex* foi um dos maiores dinossauros carnívoros que existiu, media cerca de 13 metros de comprimento. Esse predador tinha mais de 50 dentes, cada um deles maior do que a sua mão, e pesava aproximadamente o mesmo que dois elefantes. Suas pernas eram bem fortes, possibilitando que atingisse uma velocidade superior a 40 quilômetros por hora.

2. O braquiossauro foi um dos maiores dinossauros que já existiu. Ele media cerca de 25 metros de comprimento (equivalente a um apartamento de seis andares) e sua pegada tinha mais de 1 metro de largura. Era herbívoro e se alimentava principalmente das folhas do alto das árvores, passando a maior parte do tempo comendo.

3   O anquilossauro media cerca de 5 metros de comprimento e era herbívoro. Apresentava uma cauda com duas bolas de osso (do tamanho de bolas de basquete) na extremidade e placas ósseas com longos espinhos nas costas e na cabeça. Essas estruturas eram a sua defesa.

4   O torossauro era um dinossauro herbívoro de cerca de 9 metros de comprimento. Tinha três longos chifres na cabeça, que usava para se proteger de predadores, e um leque ósseo atrás dela que dava a impressão de ser maior do que era, assustando outros dinossauros.

5   Você sabia que existiram dinossauros no Brasil? Uma grande diversidade de dinossauros viveu por aqui. A espécie *Oxalaia quilombensis*, que pertence ao grupo dos espinossaurídios, foi o maior dinossauro carnívoro do Brasil. Ele viveu no Maranhão e media de 12 a 14 metros de comprimento.

Os seres humanos não viveram no tempo dos dinossauros. Este homem serve como um comparativo dos tamanhos.

2m

103

Os biomas da Terra
Tundra, taiga e floresta temperada

Biomas são regiões do planeta que apresentam características relativamente semelhantes e constantes, principalmente clima, fauna e flora, entre outras. Por uma questão geográfica, as espécies que habitam os biomas do planeta são diferentes das de outros biomas e são adaptadas ao ambiente em que vivem.

Entre os principais biomas terrestres, a tundra, a taiga e a floresta temperada são os que apresentam temperaturas mais baixas e estão localizados principalmente mais ao norte do planeta.

Características da tundra

Localizada próxima ao Polo Norte, a tundra recebe pouca luz do Sol, por isso apresenta temperaturas muito baixas quase o ano inteiro e poucas chuvas. O solo permanece gelado e coberto de neve durante a maior parte do ano, por conta disso há pouca diversidade de vegetação, sendo formada principalmente por musgos, liquens e algumas plantas baixas. Alguns dos animais que habitam as tundras são renas, alces, lebres e raposas.

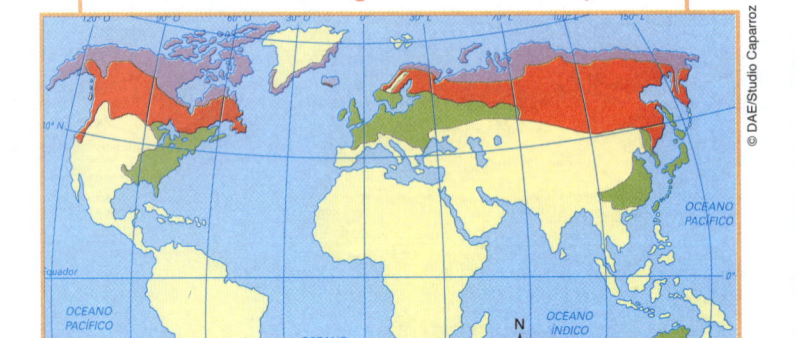

Biomas: tundra, taiga e floresta temperada

Fonte: <www.worldzones.net/world-biome-map>. Acesso em: jul. 2012.

◀ Na imagem maior, paisagem de tundra. No detalhe, lebre-ártica. Uma curiosidade sobre este animal é que no inverno, quando está tudo coberto de neve, sua pelagem é branca; no verão, quando a neve derrete, sua pelagem se torna escura. Em sua opinião, qual a vantagem desse fato?

55,8 centímetros

Características da taiga

O bioma taiga, também chamado de floresta de coníferas, também é encontrado em regiões do Hemisfério Norte, ao sul da tundra. Ele caracteriza-se por clima com invernos frios e verões moderados. A vegetação é formada predominantemente por coníferas, como os pinheiros. Entre os animais que compõem sua fauna estão ursos, alces, esquilos e lobos.

▲ Tigre siberiano. Como forma de adaptação ao frio, seu pelo é bem grosso e ele pode acumular gordura na barriga e nos flancos para suportar invernos rigorosos sem comida. Uma característica que o ajuda nas caçadas é ter o pelo listrado. Por que essa é uma vantagem?

▲ Paisagem típica da taiga.

Características da floresta temperada

As florestas temperadas são encontradas em regiões de clima temperado, com estações do ano bem marcadas, mas invernos menos rigorosos que o da taiga e verões amenos. No Hemisfério Norte, a vegetação é formada principalmente por pinheiros e árvores que perdem as folhas durante o inverno. Entre os animais que vivem nas florestas temperadas estão ursos, cervos e lobos.

◀ O guaxinim (também chamado de mão-pelada) é muito comum em regiões de clima temperado. Sua pelagem é suficiente para protegê--lo na época do frio, mas não é tão excessiva a ponto de prejudicá-lo no verão.

Sinal vermelho — ameaças a esses biomas

A atividade humana tem efeitos negativos sobre os biomas do planeta, ameaçando sua preservação.

A tundra vem sofrendo com a intensificação do aquecimento global, ou seja, o aumento da temperatura no planeta. Como é um bioma extremamente frio, as mudanças climáticas têm ocasionado alterações na vegetação típica desse ambiente, o que também afeta a fauna (os animais) da região.

Já as principais ameaças contra a taiga e a floresta temperada estão relacionadas à extração clandestina de madeira.

Não devemos esquecer que durante muitos anos os animais das regiões frias vêm sendo caçados por causa do valor comercial de suas peles.

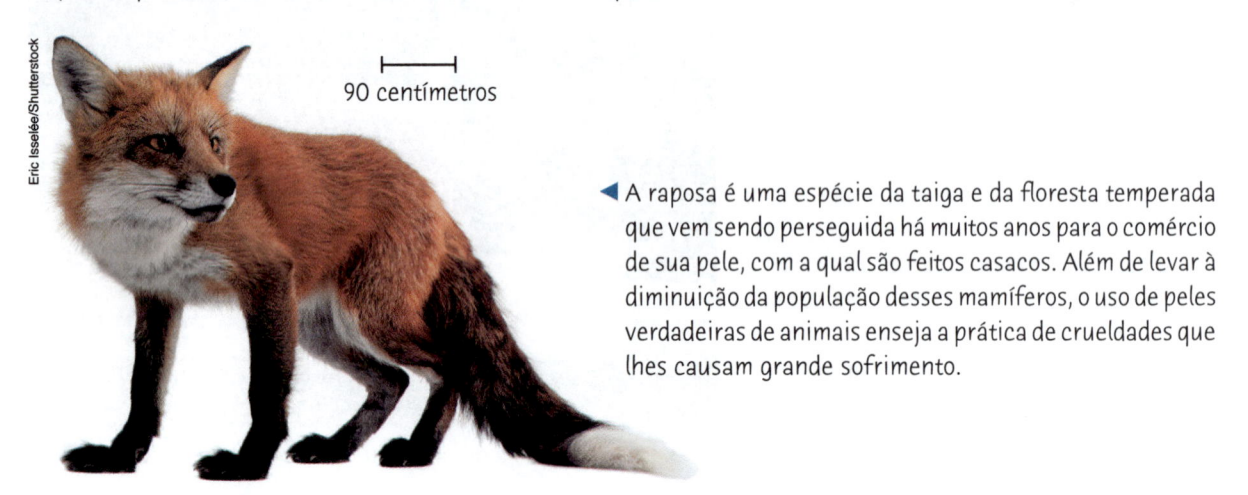

90 centímetros

◀ A raposa é uma espécie da taiga e da floresta temperada que vem sendo perseguida há muitos anos para o comércio de sua pele, com a qual são feitos casacos. Além de levar à diminuição da população desses mamíferos, o uso de peles verdadeiras de animais enseja a prática de crueldades que lhes causam grande sofrimento.

ATIVIDADES

1) Responda às questões a seguir em seu caderno.

a) Por que podemos afirmar que os dinossauros existiram?

b) É correto afirmar que todos os dinossauros eram gigantescos?

c) Considerando o clima brasileiro, responda por que não encontramos renas em nosso país.

d) Estabeleça a diferença entre tundra e floresta temperada.

2) Marque com um **X** as alternativas corretas:

a) ☐ Cobras e camelos são animais típicos da região de tundra.

b) ☐ Existem grandes florestas nas tundras graças ao gelo no solo, que fornece água para as plantas.

c) ☐ A temperatura das tundras é baixa porque ela recebe menos luz do Sol.

d) ☐ Os animais dos ambientes frios são caçados e suas peles são retiradas para a confecção de roupas e calçados.

BRINCANDO

1) A imagem a seguir mostra uma paisagem típica dos biomas floresta temperada e taiga com diversos animais que vivem nessas regiões. Encontre: 4 guaxinins, 2 tigres siberianos, 2 lobos, 3 esquilos. Há uma zebra (savana) e um coqueiro (clima tropical) que não deveriam estar aí; aponte-os.

Deserto, campos e savana

Os biomas deserto, campos e savana apresentam-se distribuídos em diversas regiões da Terra.

Características do deserto

O deserto é um bioma caracterizado pela pouquíssima quantidade de chuva. A maioria das pessoas pensa que os desertos são sempre quentes, mas na verdade podem apresentar tanto clima frio como quente, geralmente quente durante o dia e bem frio à noite. A vegetação é ausente ou muito espalhada. Alguns dos animais que vivem no deserto são, por exemplo, o coiote, o dromedário, o órix e algumas serpentes.

Biomas: deserto, campo e savana

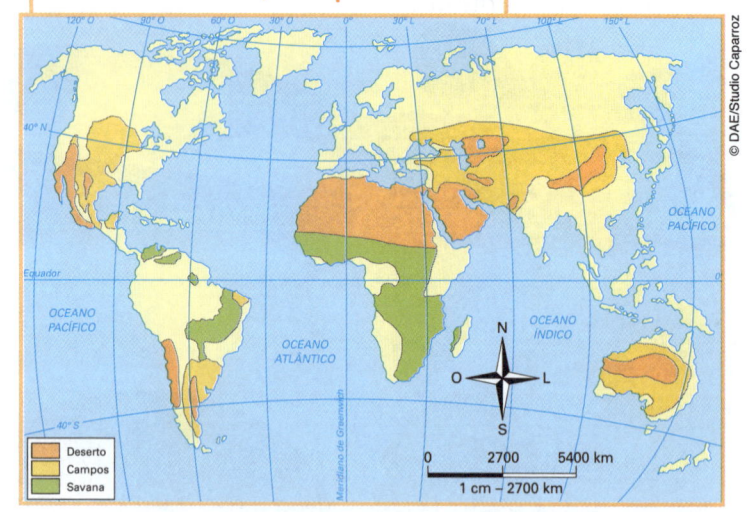

Fonte: <www.worldzones.net/world-biome-map>.
Acesso em: jul. 2012.

12 centímetros

▲ O Deserto do Saara, no norte da África, ocupa uma área gigantesca, equivalente ao tamanho de toda a Europa. Ele é um deserto quente durante o dia (podendo atingir 50 °C) e frio à noite (chegando a −5 °C). O animal do deserto na imagem menor é o gerbo. Ele é saltador, tem orelhas grandes para ajudar na perda de calor e pelos nos pés para que não afunde na areia e suporte a ardência do solo. Em sua opinião, por que ele também tem pelos no corpo? Ele não sente mais calor com isso?

108

Características dos campos

Os campos, também chamados de pradaria ou estepe, são encontrados em regiões de planície. Apresentam clima temperado, e na vegetação predominam as gramíneas, com poucas árvores e arbustos espalhados. Roedores, bisões e gazelas, entre outros, são animais que vivem nesse bioma.

No Brasil, o bioma campos é encontrado no Rio Grande do Sul, onde é chamado de Pampa. Essa região se caracteriza pelo clima com temperaturas amenas e chuvas distribuídas ao longo do ano. A vegetação é típica do bioma e, em alguns locais próximos ao litoral, formam-se áreas alagadas, os banhados, com grande quantidade de plantas aquáticas.

▲ Na fotografia maior, campo sulino (Pampa). Na imagem menor, ratão-do-banhado, mamífero que é encontrado nos banhados desse bioma.

Características da savana

A savana ocorre em regiões de clima quente, com duas estações bem definidas: uma chuvosa e outra seca. A vegetação é caracterizada por gramíneas mais altas e algumas árvores e arbustos espaçados. Os animais da savana africana são impressionantes, pois são bem diversos e alguns são bem grandes. Alguns exemplos de animais da savana africana são a zebra, o elefante, o leão, o hipopótamo, a girafa, o gnu e a hiena.

◀ Na foto maior, um baobá, árvore da savana africana que pode atingir 30 metros de altura. No detalhe, um rinoceronte. Uma curiosidade sobre este animal é que o chifre em seu focinho é formado de pelos extremamente compactos que formam uma estrutura muito resistente.

O pequizeiro é uma árvore frutífera típica do Cerrado. Seu fruto, o pequi, é muito utilizado na culinária. O veado-campeiro, na imagem menor, é um animal do Cerrado que está ameaçado de extinção, principalmente pela destruição do hábitat e da caça ilegal. ▶

Apesar de ser um bioma típico da África, a savana também existe na América e na Ásia. Ela pode ser encontrada na região central do Brasil, onde recebe o nome de Cerrado. Ele apresenta grande biodiversidade de plantas e animais, maior até do que a típica savana africana. Alguns dos animais do Cerrado são o tamanduá, a ema, o lobo-guará, o tatu e o cervo.

Sinal vermelho – Ameaças a esses biomas

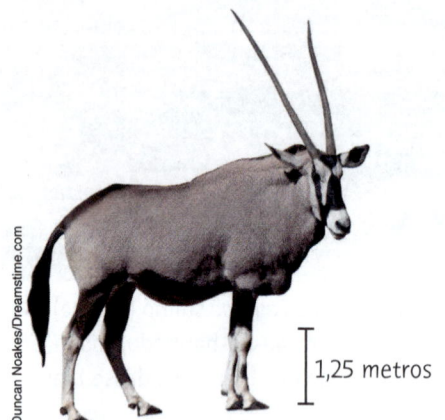

Os campos e as savanas são ambientes muito ameaçados pela ação humana.

A principal ameaça aos Campos e ao Cerrado está relacionada à devastação da vegetação original para a instalação de culturas agrícolas e atividades pecuárias. Essa prática já provocou a degradação de imensas áreas desses biomas no Brasil, afetando fauna e flora originais.

As savanas são ameaçadas principalmente pela destruição do ambiente para a ocupação humana e por causa da exploração de seus recursos naturais. A caça indiscriminada também é um problema que coloca alguns animais em risco de extinção.

▲ Alguns tipos de órix, animal da savana, já foram extintos por conta da caça ilegal e da ocupação de seu hábitat.

1,25 metros

ATIVIDADES

1) Observe a imagem e responda às questões.

a) Nos desertos, existem os oásis, locais onde os seres vivos encontram mais condições de sobrevivência. O que existe nestes locais que torna verdadeira essa afirmação?

b) Se o Saara é um deserto tão quente, por que os povos do deserto, como beduínos e tuaregues, vestem-se com tantas roupas? Eles não sentem muito calor?

2) Procure em revistas e jornais a imagem de um animal dos biomas já estudados até o momento. Cole em uma folha à parte e, nesta mesma folha, indique em que bioma ele vive, em que país fica e do que se alimenta.

BRINCANDO

1) Apesar de o Cerrado ser um tipo de savana, ele apresenta algumas características específicas. Analise a imagem do Cerrado típico brasileiro e encontre o que se pede: 3 animais da savana africana que não vivem no Cerrado; 1 atividade humana que pode degradar esse ambiente; 1 atividade humana que colabora com o ambiente.

Floresta tropical

A floresta tropical é um bioma encontrado nas regiões tropicais da Terra, caracterizado pelo clima quente – com temperaturas altas o ano todo – e úmido, com grande quantidade de chuvas. Apresenta as estações do ano pouco definidas. Sua vegetação é exuberante, muito densa, com grande variedade de árvores altas, arbustos, ervas e plantas epífitas.

As árvores mantêm suas folhas verdes o ano inteiro. Além disso, as florestas tropicais também contam com uma importante diversidade de animais, entre os quais estão a preguiça, a onça, os micos, os tucanos e os gorilas. É o bioma que apresenta a maior biodiversidade do mundo.

No Brasil, encontramos dois tipos importantes de florestas tropicais: a Floresta Amazônica e a Mata Atlântica.

Bioma: floresta tropical

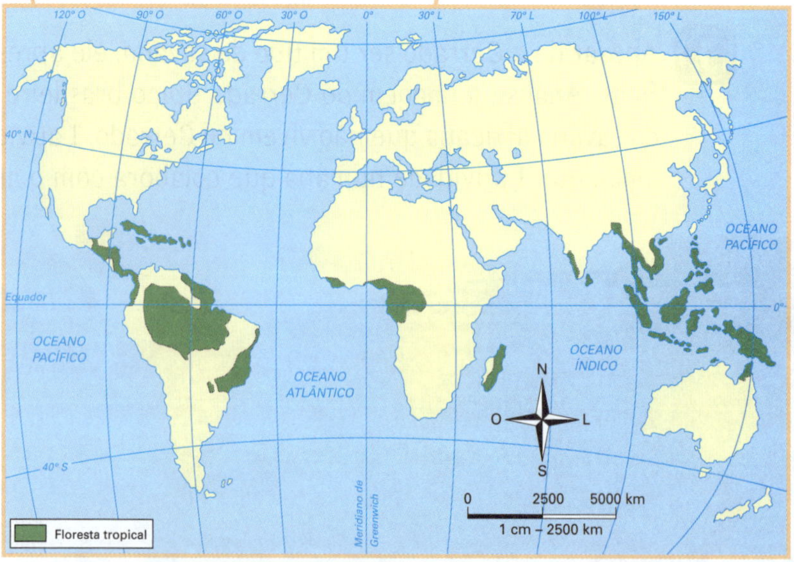

Fonte: *Atlas geográfico escolar*. 5. ed. Rio de Janeiro: IBGE, 2009. p. 61.; <www.worldzones.net/world-biome-map>. Acesso em: jul. 2012.

Epífita: planta que vive apoiada sobre outras plantas ou rochas.

A Floresta Amazônica

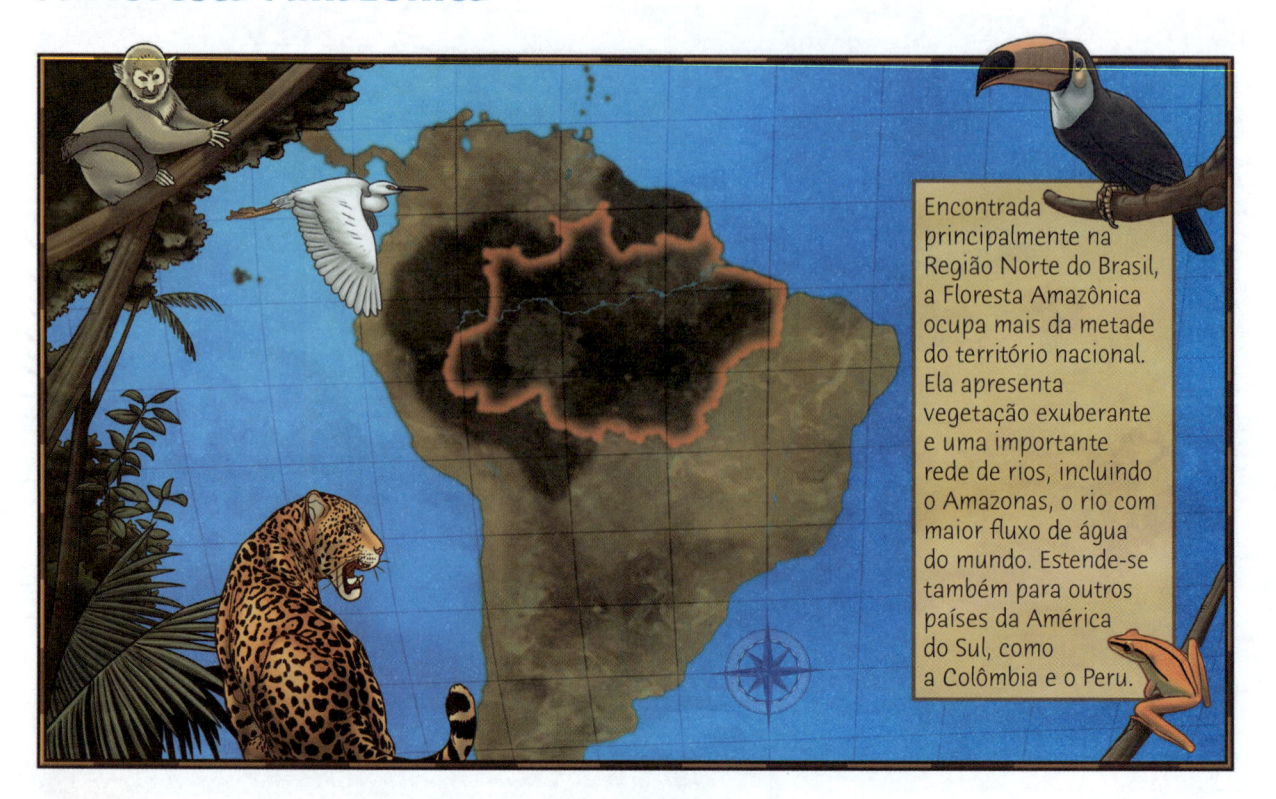

Encontrada principalmente na Região Norte do Brasil, a Floresta Amazônica ocupa mais da metade do território nacional. Ela apresenta vegetação exuberante e uma importante rede de rios, incluindo o Amazonas, o rio com maior fluxo de água do mundo. Estende-se também para outros países da América do Sul, como a Colômbia e o Peru.

A Mata Atlântica

Essa floresta tropical era encontrada por todo o litoral brasileiro, mas hoje está muito degradada. Apresenta grande quantidade de espécies de plantas e animais exclusivos. A maior parte da Mata Atlântica já foi destruída, principalmente devido à ocupação urbana.

Sinal vermelho – Ameaças a esses biomas

Muitas florestas tropicais pelo mundo estão bastante degradadas. No Brasil, o caso mais grave é a Mata Atlântica, que atualmente apresenta menos de 10% de sua cobertura original. As ameaças vão desde a exploração para obtenção de recursos naturais, como a madeira, até o desmatamento para a ocupação urbana e a instalação de atividades agropecuárias.

O caso da Floresta Amazônica é uma preocupação mundial, pois desde 1970 ela já perdeu 20% de sua área, e a cada ano os índices de desmatamento são alarmantes.

Nesses biomas, diversas espécies de animais e plantas estão hoje ameaçadas de extinção devido à degradação de seu hábitat natural. Isso é ainda mais preocupante no caso de espécies que só vivem nele — e são muitas nessa situação.

◀ A preguiça-de-coleira, espécie que só pode ser encontrada na Mata Atlântica, está ameaçada de extinção.

76,2 centímetros

ATIVIDADES

1) Qual o principal motivo de degradação da Mata Atlântica?
_____
_____

2) Dos biomas apresentados nesta unidade, qual você gostaria de conhecer? Cite quatro motivos.
_____
_____
_____
_____

3) Complete as lacunas e depois encontre as respostas no diagrama de palavras.

a) Vegetação exuberante, grande quantidade de rios, incluindo o rio com maior fluxo de água: _____.

b) Conhecida por suas grandes florestas de pinheiros: _____.

c) Vegetação encontrada em planícies, em que predominam as gramíneas, mas podem ser encontrados alguns arbustos: _____.

d) A vegetação é praticamente ausente e é conhecido pela escassez de chuvas: _____.

e) Recebe pouca luz do Sol e por isso o solo permanece com neve quase o ano todo: _____.

f) Região bem ao norte, conhecida como floresta de coníferas: _____.

g) Clima quente, pode ter gramíneas altas e algumas árvores espaçadas: _____.

h) Floresta encontrada no litoral brasileiro, tem atualmente menos de 10% de seu tamanho original: _____.

```
F L O R E S T A T E M P E R A D A B M Y
E V Ô F L O R M A T A A T L Â N T I C A
D E R T I K L O M T E R F D A W E R I U
V G T N D Â Z L T O L P U J K T B C V E
F B C Q W P O K U P E I C X H A J A E R
P Ô X L E O I C N S D O P Z G I K M T O
C J Z K R I U E D X A G V B F G R P F P
Z A A J D E S E R T O T E N D A U O I L
P S D H J U J S A V A N A W S O R S F C
Q B F G T Y B R C Z B N E J M F S E K H
F L O R E S T A A M A Z Ô N I C A D A D
```

4 Pesquise o assunto e complete a tabela a seguir com as principais características de cada um dos biomas.

Bioma	Temperatura	Quantidade de chuva	Vegetação	Fauna
Tundra				
Taiga				
Floresta temperada				
Deserto				
Campos				
Savana				

5 Complete as lacunas.

O bioma savana é conhecido no Brasil como _____ e ocorre na região _____ do país.

O bioma _____ é conhecido no Brasil como _____ e ocorre no sul do país.

6 Identifique a que bioma corresponde cada uma das fotos a seguir.

a)

b)

c)

d)

e)

f)

BRINCANDO

1. A imagem a seguir mostra uma paisagem típica da Floresta Amazônica, com diversos animais que vivem nessa região. Encontre o que está sendo pedido: 4 tucanos, 3 macacos-aranha, 2 onças pintadas, 3 capivaras, 3 cobras, 2 jacarés, 1 garça, 1 preguiça e 2 animais que não deveriam estar aqui.

117

ATIVIDADES

1) No Brincando das páginas 116 e 117 havia três animais e uma planta que são de outros biomas. Que biomas são esses?

a) Urso: _____

b) Pinguim: _____

c) Ema: _____

d) Baobá: _____

2) Desenhe um bioma que você gostaria de conhecer. Inclua a vegetação e os animais típicos desse local.

PESQUISANDO

1) Vamos realizar a semana dos biomas!
Formem grupos. Cada grupo deve montar um cartaz sobre um tipo específico de bioma e incluir fotografias da paisagem, da vegetação e dos animais. Escrevam também quais riquezas em recursos naturais são encontradas nesses locais.
A cada dia da semana, um grupo ou mais apresentará o seu cartaz para os colegas.

UNIDADE 7

Ecologia

Os seres vivos precisam uns dos outros para sobreviver. Esse equilíbrio que deve existir na natureza é foco de uma área de estudo chamada Ecologia.

No entanto, há uma ameaça a este equilíbrio: o ser humano.

Passa!
A riqueza das espécies
Pode estar ameaçada
A bonita arara-azul
Vive sendo engaiolada
Olha lá o que eu te digo!
Onça, anta, jacaré...
A ganância é um perigo
O melhor é dar no pé!

Evelyn Heine. *Ecologia*. Blumenau: Brasileitura, 2004. p. 6. (Coleção Poesia para Crianças).

O texto fala da ameaça à arara-azul e a outros animais de nossa fauna – a onça, a anta e o jacaré. Cada um desses animais vive em um determinado local – é lá que ele nasce, cresce, se reproduz e busca alimento. Não pode ser retirado de lá. Quais são esses locais? Por que a retirada de um determinado tipo de animal pode desequilibrar um ecossistema? Vamos aprender mais sobre esse tema a seguir.

O que é Ecologia?

Nenhum organismo, por mais simples ou mais complexo que seja, pode existir sozinho, sem **interação** com outros seres vivos e com o ambiente em que se encontra.

Ecologia é a ciência que estuda as relações dos seres vivos entre si e com o ambiente em que vivem.

> **Interação:** relação de um indivíduo com outro.

Nessa ciência, os seres vivos são divididos em grupos para que sejam estudados. São grupos que englobam desde alguns indivíduos até vários deles, como veremos a seguir.

Espécie – indivíduos com características físicas e biológicas semelhantes, que podem se reproduzir e gerar descendentes, que, por sua vez, também poderão gerar seus descendentes. São exemplos de espécie: ser humano, cachorro, capivara, mico-leão-dourado, louva-a-deus, cupuaçu, pau-brasil, entre outros.

◀ Ser humano.

◀ Anta.

◀ Jacaré.

◀ Buriti.

Populações – são formadas por um conjunto de indivíduos da mesma espécie que vivem em uma mesma região.

▲ População de capivaras.

▲ População de abelhas.

▲ População de seres humanos.

▲ População de palmeiras.

▲ População de zebras.

Comunidade – o conjunto de todas as populações existentes em determinada área. Pode ser uma comunidade de microrganismos (populações de bactérias em um local), animais (populações de animais em um local) ou plantas (populações de plantas em um local).

Ecossistema – o conjunto formado pelos seres vivos (comunidade) e os fatores ambientais (luz, água, ar, solo etc.) de uma mesma área corresponde a um ecossistema.

O ecossistema apresenta características próprias de temperatura, luz, umidade, solo e tipo de seres vivos que o habitam.

◄ As diversas populações de um local formam uma comunidade.

Observe a interação no ecossistema do Pantanal formado por seres vivos (jacarés, tuiuiús, sucuri, capivaras, peixes, plantas aquáticas, árvores e capim) e por fatores ambientais (luz, calor, pedras, água, solo, ar).

Os ecossistemas podem ser classificados de diversas formas, por exemplo, **aquáticos** e **terrestres**. Os ecossistemas aquáticos podem ser marinhos, como os mares e os oceanos, ou de água doce, como os lagos naturais ou artificiais (represas) e os rios. Já os ecossistemas terrestres podem apresentar diversas classificações, como florestas, desertos, campos, cerrados etc.

▲ Os lagos são ecossistemas aquáticos de água doce.

▲ Os mares e oceanos são ecossistemas aquáticos marinhos.

▲ As florestas são ecossistemas terrestres que apresentam vegetação densa.

▲ A Caatinga é ecossistema terrestre com volume de chuvas baixo e, por isso, baixa densidade de vegetação.

SAIBA MAIS

Ecossistema pode ser tanto um espaço natural quanto aquele criado pela ação humana. Também não são somente vastas áreas que podemos classificar como ecossistema. Os ecólogos afirmam que um vaso de planta, um aquário ou mesmo uma cidade inteira são exemplos de ecossistemas criados pela ação humana. Assim, fica claro que um ecossistema pode ser do tamanho de sua unha e outro, do tamanho do estado em que você mora.

Para exemplificar, uma gota de água contendo uma comunidade de microrganismos poderia ser, se não o menor, com certeza um dos menores ecossistemas. Isso porque nela também há interações biológicas entre os microrganismos e entre eles e o meio físico, tal como luminosidade, temperatura etc.

ATIVIDADES

1) O que é Ecologia?

_____

_____

2) Ligue cada termo à coluna que o define.

a) espécie   b) população   c) comunidade   d) ecossistema

Conjunto de indivíduos de uma mesma espécie que vivem em uma mesma área.	Conjunto formado pelos seres vivos e fatores ambientais de uma mesma área.	Indivíduos com características físicas e biológicas semelhantes e que podem gerar descendentes férteis.	Conjunto formado pelas populações de uma mesma área.

3) Identifique nas imagens a seguir qual representa espécie, qual representa população e qual retrata um ecossistema.

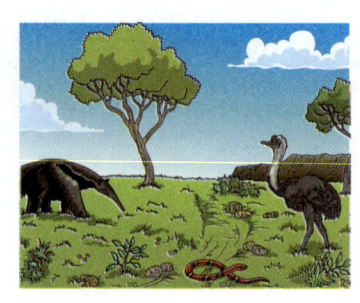

_____   _____   _____

4) Faça um desenho que represente um ecossistema e escreva quais seres vivos e fatores ambientais que o compõem.

PESQUISANDO

1. Escolha um animal típico da região onde você vive. Pesquise informações sobre a espécie a que ele pertence, o tipo de ecossistema que ele habita e outros seres vivos com os quais ele costuma interagir (de qual se alimenta e qual se alimenta dele etc.). Organize o trabalho com fotos e texto em uma folha de papel sulfite e entregue ao professor.

2. Vamos misturar arte, diversão e consciência ecológica? Formem grupos; cada equipe deve assistir a um filme. Decidam por sorteio o filme que deve ser assistido por todos do grupo. Depois exponham para toda a classe qual a temática ecológica do filme, se ela é relevante para os dias de hoje e se vocês recomendam que os outros colegas vejam a obra.
Os filmes são: *Rio*, *Free Willy*, *Compramos um zoológico*, *Tainá – Uma aventura na Amazônia* e *O grande milagre*.

▲ Cena do filme *Rio*.

▲ Cena do filme *Free Willy*.

▲ Cartaz do filme *Compramos um Zoológico*.

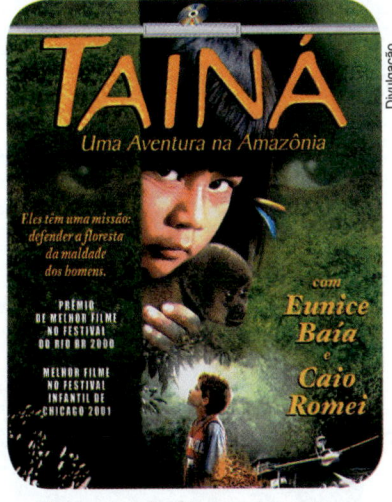

▲ Cartaz do filme *Tainá – Uma Aventura na Amazônia*.

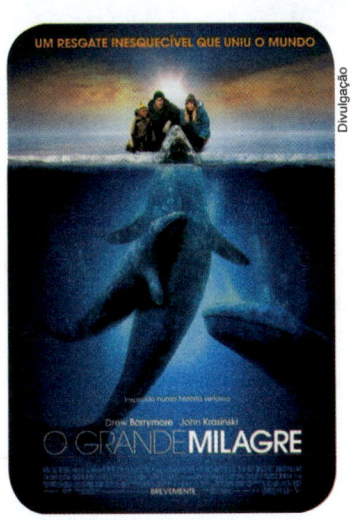

▲ Cartaz do filme *O Grande Milagre*.

Cadeias alimentares

Todos os seres vivos precisam se alimentar. Os ecossistemas apresentam uma organização fundamentada nas necessidades alimentares dos seres vivos que habitam cada ambiente. Assim, o sapo que vive em um brejo no Pantanal encontra lá o seu alimento; da mesma forma, a serpente que vive no mesmo local também obtém seu alimento: o sapo.

O alimento é matéria, e essa matéria se transforma em energia quando é ingerida por um indivíduo. Nesse sentido, a energia que um indivíduo acumulou passa de alguma forma para o outro que se alimenta dele.

A matéria é transformada em energia para que os seres vivos possam se movimentar, se desenvolver e manter suas funções, como a respiração e a circulação do sangue.

Quando um dos indivíduos morre, seus restos sofrem decomposição e servem de alimento para microrganismos – trata-se de um ciclo.

Chamamos de **cadeia alimentar** a sequência de interações alimentares entre os seres vivos, ou seja, a passagem de matéria para energia. Ela sempre se inicia com um **produtor** e termina com um **decompositor**, como na imagem a seguir.

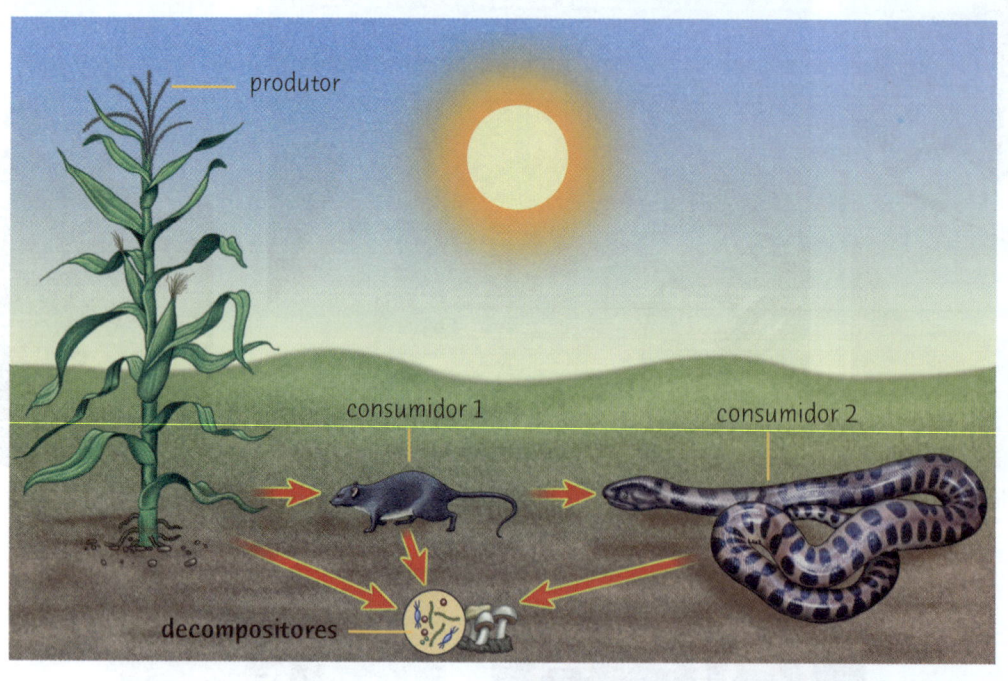

- **Produtores** – são os seres vivos capazes de produzir o próprio alimento, como é o caso das plantas, de muitas algas e de alguns microrganismos.

A maioria das algas são capazes de produzir seu próprio alimento.

- **Consumidores** - são aqueles que se alimentam de outros seres vivos, pois não produzem o próprio alimento, como todos os animais. Podem ser **herbívoros**, quando se alimentam de plantas; **carnívoros**, quando se alimentam de outros animais; ou **onívoros**, quando podem se alimentar tanto de plantas como de animais.

▲ O elefante é um animal herbívoro.

▲ A onça é um animal carnívoro.

▲ O lobo-guará alimenta-se de carne e frutos; ele é onívoro.

- **Decompositores** - são em geral fungos e bactérias, que se alimentam de organismos mortos ou de restos deixados por eles, liberando nutrientes para o ambiente em um processo chamado decomposição.

▶ Os fungos são decompositores, pois participam da decomposição de organismos mortos e dos restos deles.

Há cadeias alimentares em todos os ambientes. A seguir vamos conhecer um exemplo de cadeia alimentar em um ecossistema aquático.

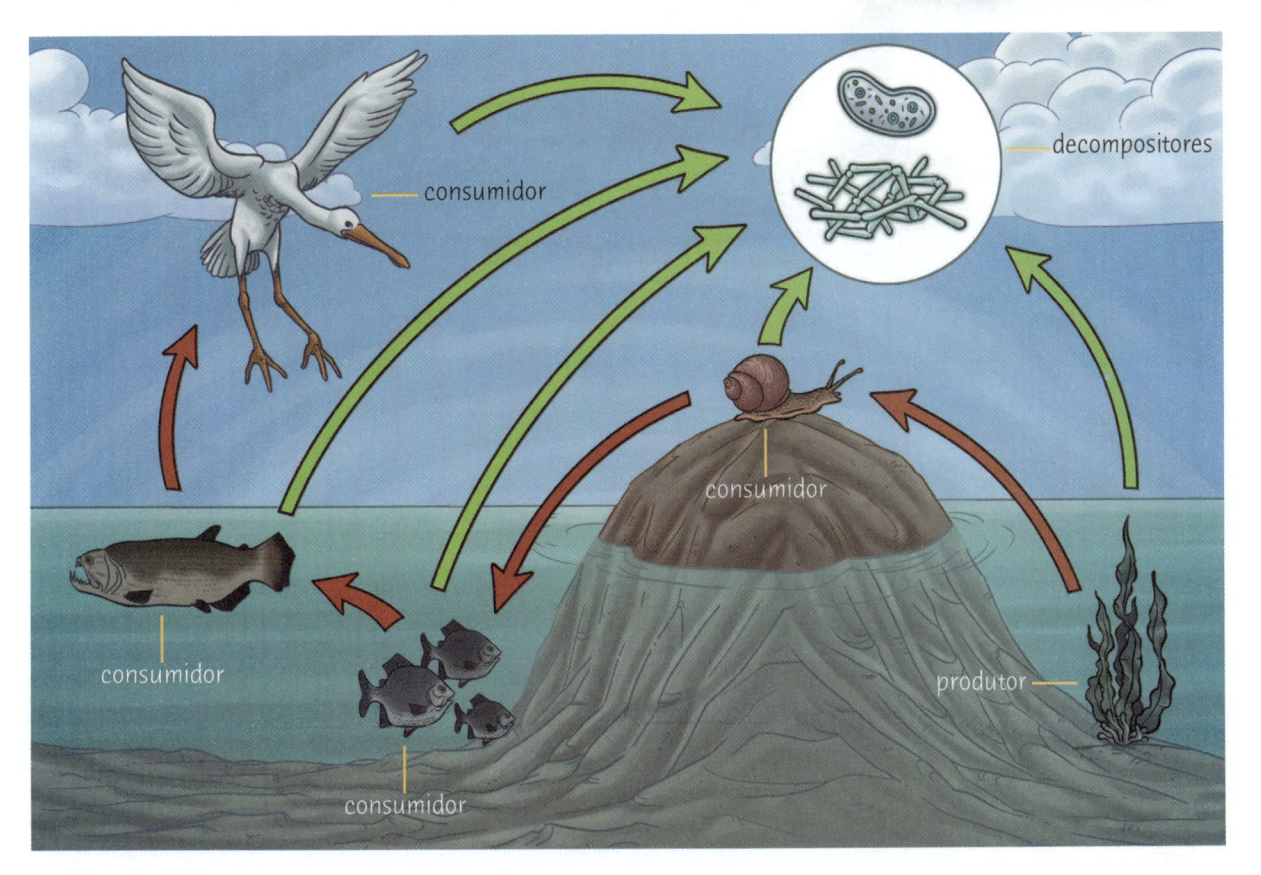

SAIBA MAIS

Os consumidores carnívoros que caçam outros animais para se alimentar são chamados de predadores; aqueles que são comidos por eles são chamados de presas.

Teias alimentares

Na natureza, as relações alimentares são mais complexas; assim, as cadeias alimentares não ocorrem isoladamente. Um conjunto de cadeias alimentares interligadas forma as **teias alimentares**.

As cadeias alimentares que formam uma teia alimentar podem ter um ou mais elementos em comum. Por exemplo, um grilo pode servir de alimento para um morcego em uma cadeia alimentar e de alimento para um pássaro em outra.

Veja a seguir um exemplo de teia alimentar.

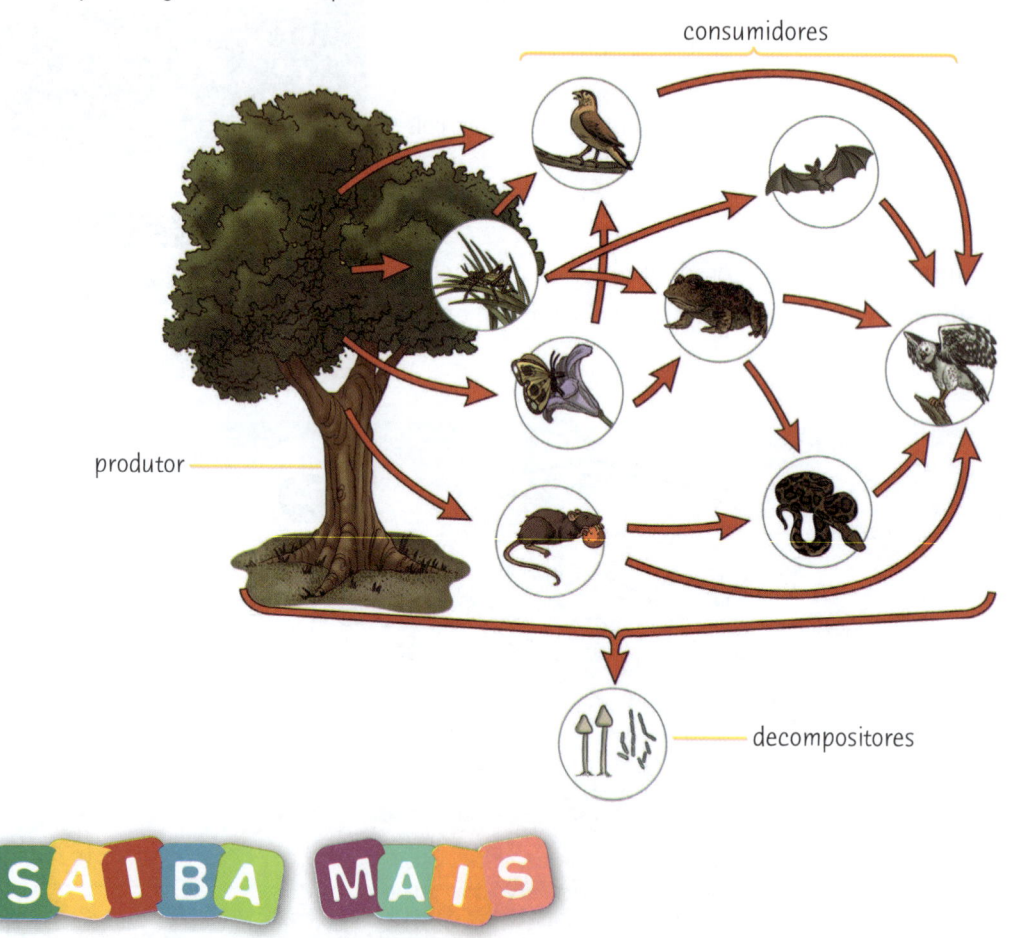

SAIBA MAIS

Tanto animais como plantas são capazes de ficar algum tempo sem se alimentar, porque o próprio corpo pode funcionar como fonte de energia por ter reservas para situações em que ocorra falta de alimentos. Dos mais simples aos mais complexos seres vivos, todos apresentam essa capacidade. Uma serpente pode passar meses sem se alimentar, sem que ocorra qualquer tipo de problema para seu organismo. Essa característica dos organismos é muito importante, pois, em um ecossistema natural, nem sempre as necessidades alimentares de uma ou mais espécies são diariamente atingidas.

Equilíbrio ecológico

Qualquer ecossistema está constantemente sujeito a desarranjos que o perturbem. Se essa perturbação for muito grande, poderá prejudicar o **equilíbrio ecológico**, isto é, causará um desequilíbrio ecológico.

Veja, por exemplo, o gafanhoto. É um inseto que só anda em bandos e tem grande voracidade. Os pássaros e outros animais que se alimentam de gafanhotos mantêm o equilíbrio, isto é, controlam a população de gafanhotos alimentando-se deles. Contudo, se o hábitat desses predadores for destruído, eles vão desaparecer; com isso, a quantidade de gafanhotos aumentará muito.

▲ Chupins comem gafanhotos, os quais estão atacando um milharal.

▲ O ecossistema foi muito modificado e os chupins deixam o local.

▲ Sem predadores, aumentou muito o número de gafanhotos.

▲ A grande quantidade de gafanhotos devastou todo o milharal.

A Ecologia também estuda as alterações feitas no ambiente pelo ser humano e tais modificações podem trazer consequências para os outros seres vivos.

Por vezes, o desequilíbrio pode ocorrer também por excesso de alimentos. No século XIV, as cidades da Europa não tinham condições adequadas de higiene, e restos de comida eram largados nas ruas. Com isso, a população de ratos aumentou muito. O problema é que o rato tem um piolho que transmite uma doença grave para o ser humano: a peste bubônica.

Muitos ratos, muitos piolhos. Você pode imaginar o que aconteceu, não? Cerca de 75 milhões de pessoas morreram vítimas da peste. E onde estavam os predadores dos ratos? Não havia, afinal, não há muitas serpentes nas cidades.

Portanto, para que os ecossistemas fiquem em equilíbrio, é preciso que sejam garantidas minimamente suas características originais.

Acredita-se que a pandemia de peste bubônica dizimou cerca de um terço da população europeia da época. Observe os bubos que se formaram na pele, daí o nome peste bubônica.

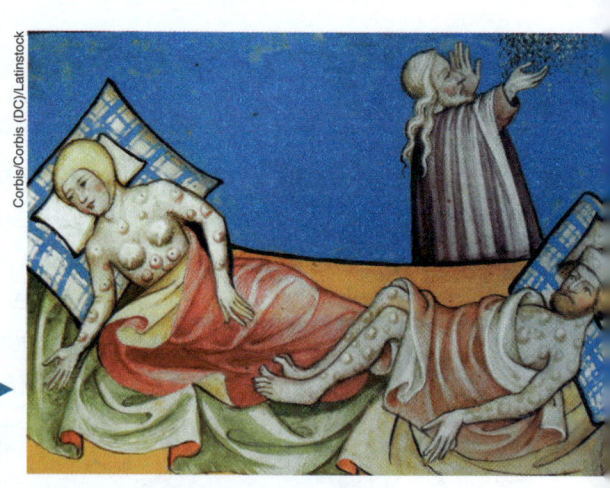

SAIBA MAIS

O azul que sumiu do céu

"[...] Uma ave pequena, com menos de 60 centímetros, bico negro, corpo coberto por penas azuis e cabeça com penas acinzentadas. Essa é a ararinha-azul. Agora tente imaginá-la voando por aí. Que beleza deve ser, não é mesmo? Infelizmente, é só isso que podemos fazer agora, ou, no máximo, encontrar alguma foto ou vídeo raro desse momento. Afinal, a natureza perdeu essa espécie [...].

A palavra ararinha é um diminutivo em português da palavra arara, cuja origem é indígena. Os indígenas podem ter criado o nome arara devido à voz de algumas espécies, que emitem um som parecido com 'ará'. Mas arara pode ter surgido também a partir da abreviação da palavra guirá ('pássaro'), que virou ará. Arara seria então o aumentativo de ará, indicando um 'pássaro grande', já que algumas espécies de araras têm grande tamanho. [...]

Raridade

Durante algumas décadas, ninguém a viu na natureza, até que três indivíduos foram reencontrados em 1986. Em 1990, o último exemplar foi visto e passou a ser acompanhado, até desaparecer em 2000. A destruição das matas às margens dos riachos da região onde a ararinha-azul vivia e o tráfico de animais silvestres foram os principais responsáveis pela extinção desta espécie na natureza.

Um pouco de esperança

A ararinha-azul desapareceu da natureza, mas ainda não foi extinta. Restam aproximadamente 80 indivíduos da espécie criados em cativeiro, como parte de um programa de conservação realizado em vários países. Com o nascimento de filhotes, espera-se que aos poucos a população da ararinha aumente, e que, no futuro, a espécie possa ser reintroduzida em seu hábitat natural. Se isso ocorrer, nosso céu voltará a ficar mais azul. [...]"

O azul que sumiu do céu (trechos).
CHC on line. Henrique Caldeira Costa.

Ararinha-azul. Espécie considerada extinta no ambiente natural.

ATIVIDADES

1) Explique com suas palavras o que é cadeia alimentar.
_____
_____

2) Assinale com um **X** a frase correta sobre cadeias e teias alimentares.

a) ☐ Uma cadeia alimentar pode conter várias teias alimentares.

b) ☐ Uma teia alimentar pode conter várias cadeias alimentares.

3) Relacione as duas colunas.

a) produtor

b) consumidor

c) decompositor

☐ Organismo que se alimenta de organismos mortos ou restos deixados por eles, liberando nutrientes para o ambiente.

☐ Organismo que precisa se alimentar de outro ser vivo.

☐ Organismo capaz de produzir seu próprio alimento.

4) Preencha os quadros a seguir com os termos abaixo de forma que o esquema represente corretamente uma cadeia alimentar.

| Decompositor | Consumidor | Produtor |

☐   ☐   ☐

☐

5) Analise a imagem da cadeia alimentar da página 127 e identifique qual organismo é o produtor e quais são os consumidores.
_____
_____

131

6 Utilizando setas, monte uma cadeia alimentar com os seres vivos das imagens a seguir.

7 Observe a imagem abaixo e responda ao que se pede na página seguinte.

a) Cite algumas espécies que você observa no desenho.
_____
_____

b) Cite uma população representada no desenho.
_____
_____

c) Pode-se considerar que na imagem está representada uma comunidade biológica? Por quê?
_____
_____

8) Os sapos comem mosquitos, mas na cidade de Bobópolis as pessoas não gostavam de sapos e perseguiram este animal. Em pouco tempo começou a haver uma infestação de dengue, doença que é transmitida pelo mosquito *Aedes aegypti*. Qual a relação de um fato com o outro?
_____
_____
_____
_____

Eu amo um sangue humano.

Nós odiamos sapos!

Eu amo os mosquitos.

9) Em sua opinião, o que pode ser feito para manter o equilíbrio ecológico das florestas tropicais, como a Amazônia e Mata Atlântica?
_____
_____

PESQUISANDO

1) Faça uma pesquisa sobre o caramujo africano *Achatina fulica*, que se tornou praga no Brasil. Descubra como ele foi trazido para cá e por que sua população aumentou tanto.

4,7 centímetros

BRINCANDO

1. A onça tinha feito planos de comer uma capivara esta noite. Mas quando chegou para jantar alguém já tinha comido a capivara. Vamos ajudar a decifrar o enigma para descobrir quem teve coragem de comer o jantar desse importante carnívoro?

Não se pode confiar no que os carnívoros falaram.

Foi a preguiça.

Dá muito trabalho comer uma capivara...

Eu sou herbívora...

Quem comeu tem patas.

Eu acabei de chegar aqui...

Quem comeu tem rabo.

Só pode ter sido carnívoro!

UNIDADE 8
Corpo humano

O bom funcionamento do organismo possibilita realizarmos as atividades do dia a dia. Apesar de haver muitas diferenças na aparência externa (loiro, moreno, baixo, alto etc.), a constituição interna do corpo dos seres humanos é semelhante.

Todos os seres humanos têm os mesmos órgãos e sistemas que, atuando em conjunto, possibilitam sua sobrevivência. Vamos aprender mais sobre alguns deles nesta unidade.

O **sistema nervoso** é responsável pela coordenação do funcionamento de nosso corpo e reação a estímulos do ambiente. Age quando temos uma surpresa ou estamos bravos, por exemplo.

Para gerar uma nova vida é preciso da produção de células reprodutoras. Quem faz isso é o **sistema genital**.

Para processar nossos alimentos é acionado o **sistema digestório**.

O responsável por eliminar toxinas do organismo é o **sistema urinário**.

O corpo de todos os seres vivos – incluindo os outros animais, as plantas e os microrganismos – é formado por uma ou mais unidades vivas chamadas **células**. A maioria das células não pode ser vista a olho nu, mas apenas com a utilização do microscópio.

Alguns microrganismos, como as bactérias, são formados por apenas uma célula, e, por isso, são chamados de seres **unicelulares**.

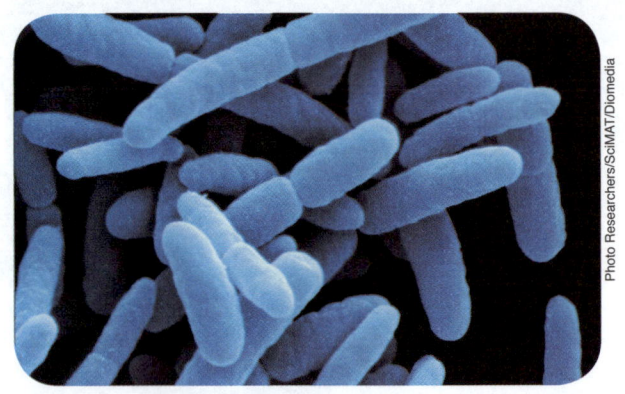

▲ A bactéria *Escherichia coli* é unicelular. Nesta imagem, há várias delas.

O corpo humano é formado por bilhões de células de tipos diferentes e de vários tamanhos. Elas formam todos os tecidos do corpo: o muscular (músculos), o ósseo (ossos), o nervoso (nervos), o epitelial (pele) e o sanguíneo (sangue).

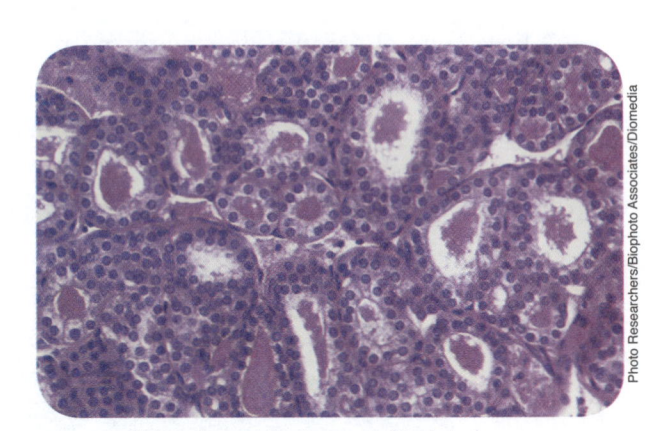

▲ Células do tecido de uma glândula humana, a tireoide.

Os seres que são formados por mais de uma célula são chamados de **pluricelulares**. Eles apresentam o corpo organizado em diferentes níveis, sendo o nível mais básico a célula e, por ordem de complexidade, os tecidos, os órgãos, os sistemas, até formar o organismo em si.

As células são compostas basicamente de três partes: membrana, citoplasma e núcleo.

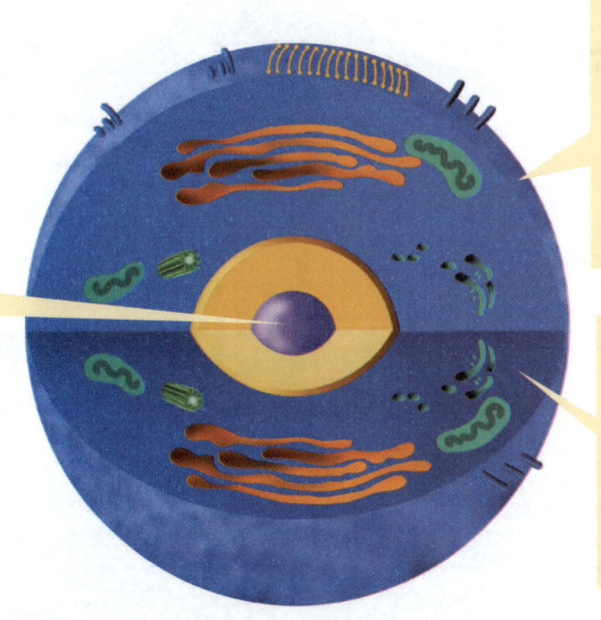

A **membrana** é uma película fina que envolve a célula. Ela é responsável por todas as trocas entre as células e o meio externo, ou seja, é ela que regula a entrada e a saída de substâncias na célula.

O **núcleo** é o principal responsável pelo funcionamento e pela reprodução celular. Nele está o DNA, material genético no qual ficam os genes, que contêm as características hereditárias dos seres vivos.

O **citoplasma** corresponde a todo o conteúdo da célula, que fica entre a membrana e o núcleo. Ele é composto de um fluido e diversas organelas, estruturas responsáveis por importantes funções celulares.

▲ Esquema de uma célula, mostrando suas principais partes.

Observe no esquema a seguir que de uma estrutura minúscula, como uma célula, se formam os tecidos de um corpo até chegar a um sistema completo. O exemplo mostra o sistema muscular.

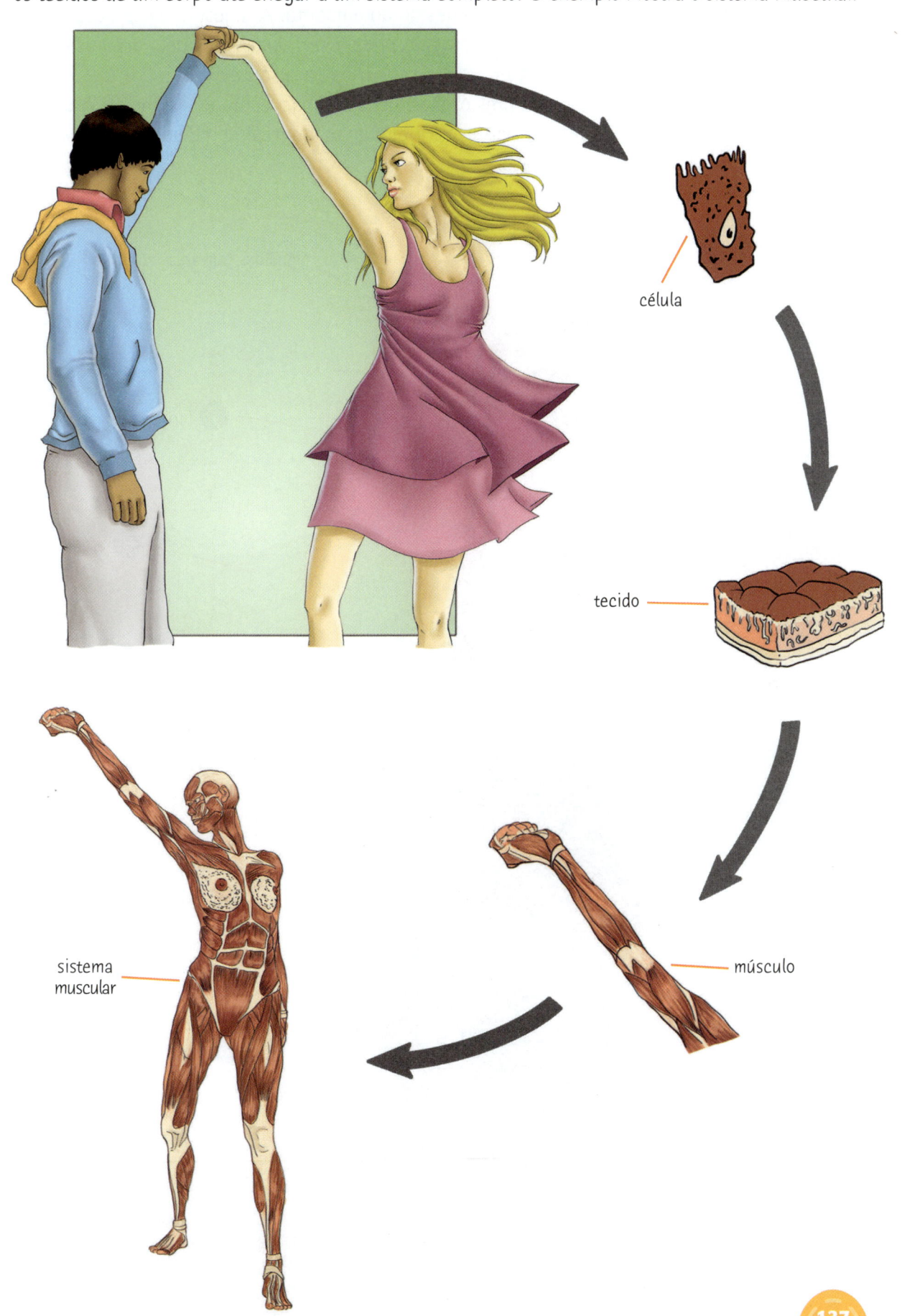

célula

tecido

músculo

sistema muscular

Sistema digestório

O sistema digestório é encarregado da digestão do alimento. A digestão é o processo que transforma o alimento em partículas menores, que podem ser absorvidas pelo organismo, de modo que ele obtenha os nutrientes e a energia necessários para sobreviver.

Esse sistema é formado pelos seguintes órgãos: boca, faringe, esôfago, estômago, intestino delgado e intestino grosso. Além disso, apresenta glândulas anexas: as glândulas salivares, o fígado e o pâncreas.

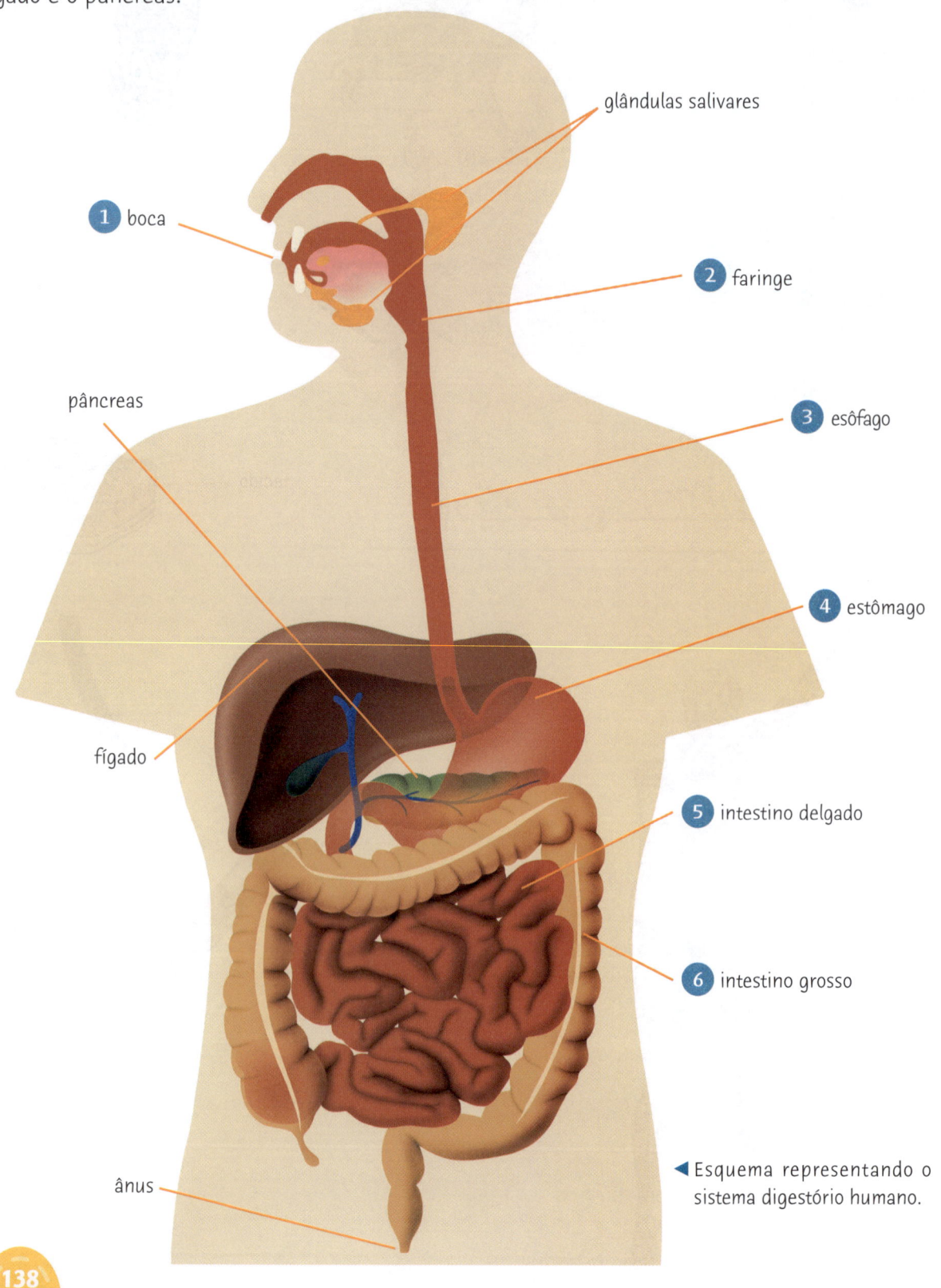

glândulas salivares

1 boca

2 faringe

pâncreas

3 esôfago

4 estômago

fígado

5 intestino delgado

6 intestino grosso

ânus

◂ Esquema representando o sistema digestório humano.

1 Boca

A boca é o órgão por onde começa a digestão. Nela estão os dentes, responsáveis por promover a mastigação do alimento. Na boca também é encontrada a saliva, produzida pelas glândulas salivares, que contém substâncias que iniciam a digestão do alimento. A ação da mastigação e dessas substâncias digestivas da saliva promove a formação do **bolo alimentar**.

2 Faringe

A faringe corresponde a um tubo por onde o alimento é transportado da boca ao esôfago.

3 Esôfago

Assim como a faringe, o esôfago também corresponde a um tubo por onde o alimento passa, impulsionado por movimentos de contração e relaxamento de sua parede, chamados **movimentos peristálticos**. Ele liga a faringe ao estômago.

4 Estômago

No estômago, o bolo alimentar mistura-se com o suco gástrico, produzido por esse órgão. O suco gástrico é rico em substâncias digestivas, que promovem a digestão do alimento, transformando-o em uma pasta, que recebe o nome de **quimo**. Assim como o esôfago, as paredes do estômago realizam movimentos peristálticos, impulsionando o alimento para o intestino delgado.

5 Intestino delgado

Nesse órgão, o alimento sofre a ação de enzimas digestivas presentes no suco entérico (produzido pelo próprio intestino), no suco pancreático (produzido pelo pâncreas) e na bile (produzida pelo fígado). O quimo é transformado numa pasta líquida chamada **quilo**.

É no intestino delgado que ocorre a absorção da maior parte dos nutrientes liberados no processo de digestão. Os nutrientes passam para a corrente sanguínea e são transportados para as demais células do organismo.

6 Intestino grosso

O que não é absorvido pelo intestino delgado passa para o intestino grosso. Nesse órgão, ocorre a absorção de água e a formação das fezes, constituídas pelos resíduos da digestão. As fezes são eliminadas pelo ânus.

ATIVIDADES

1) O que é digestão? Qual é sua importância?

_____
_____
_____

2) Responda ao que se pede.

a) Qual intestino é o principal responsável pela absorção dos nutrientes?
_____

b) Qual é o nome do tubo que liga a boca ao esôfago? _____

c) Dê o nome do intestino onde são formadas as fezes. _____

d) O tubo que liga a faringe ao estômago é o: _____

e) Qual é a substância presente na boca que inicia a digestão? _____

f) Em qual órgão é formado o quimo? _____

g) Em que órgão se inicia a digestão? _____

Sistema nervoso

O sistema nervoso é o responsável por garantir o bom funcionamento de todos os órgãos do corpo humano. Ele é formado pelo encéfalo, pela medula espinal e pelos nervos. Todos os componentes do sistema nervoso apresentam um tipo específico de célula, os **neurônios**.

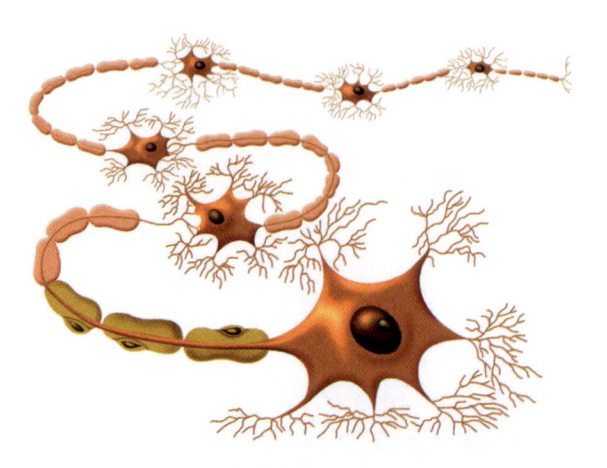

▶ Esquema representando o sistema nervoso humano.

▲ Esquema representando os neurônios, que são as células que compõem o sistema nervoso.

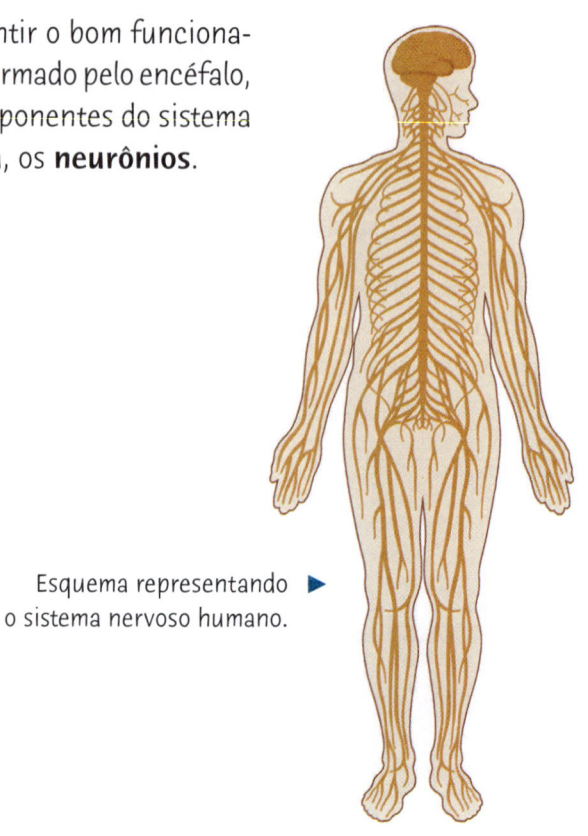

Encéfalo

O encéfalo é formado pelo cérebro, cerebelo e tronco encefálico.

Cérebro - é o responsável pelo pensamento, pela inteligência e pela memória; pelas atividades necessárias à nossa sobrevivência, como o sono, a fome, a sede. É ele também que controla as emoções humanas, como a raiva, o amor, o medo, a alegria. Ele ainda recebe e interpreta os sinais enviados pelo organismo, como frio, dor e calor, vindos do mundo exterior.

Tronco encefálico - é o responsável por diversas funções vitais, como a respiração, os batimentos cardíacos e os movimentos peristálticos. Essas funções são involuntárias, ou seja, você não consegue controlar.

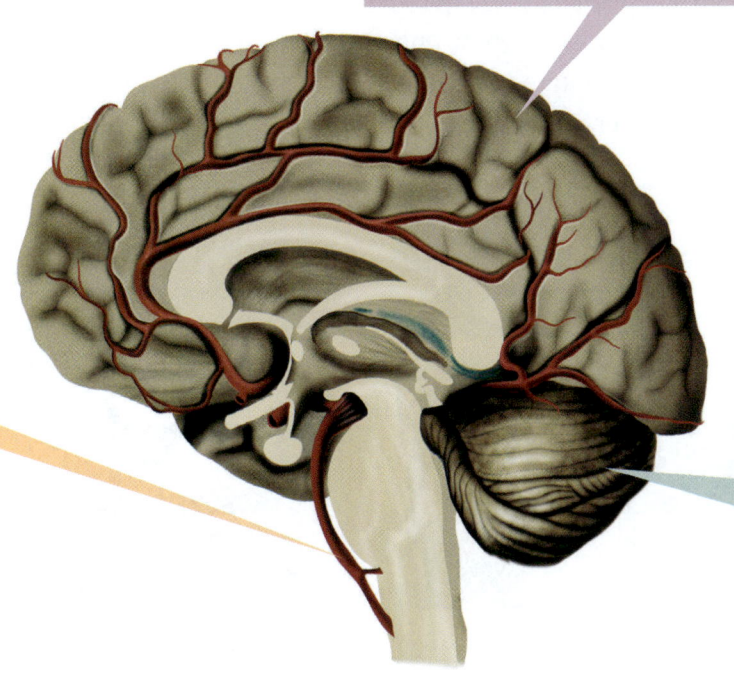

Cerebelo - é o responsável pela coordenação dos movimentos e pela manutenção do equilíbrio e da postura do corpo.

SAIBA MAIS

O cérebro humano pode pesar até 1,3 quilo e tem aproximadamente 100 bilhões de neurônios. Entre os animais, o ser humano é o que tem o cérebro maior e mais desenvolvido em relação ao corpo.

Leonardo da Vinci (1452 – 1519) é um exemplo das grandes capacidades do cérebro humano. Este homem nascido na Itália foi genial em todos os campos em que se envolveu, seja como cientista ou artista. Inventou vários aparelhos e pintou quadros famosos, como *Mona Lisa*.

Medula espinal

A medula espinal fica alojada dentro da coluna vertebral e tem o aspecto de um feixe de fios (os nervos), que liga todas as partes do corpo ao encéfalo. Ela é responsável por transmitir as informações e fazer a comunicação entre o corpo e o encéfalo. É por isso que uma lesão na medula pode levar à paralisia ou à falta de sensibilidade em partes do corpo.

Ela também é responsável por muitas de nossas respostas rápidas e involuntárias. Por exemplo, quando encosta a mão em uma panela quente, você a retira rapidamente, não é mesmo? Isso ocorre porque na pele existem células nervosas que recebem o estímulo do calor e rapidamente transmitem esse estímulo para a medula, que por sua vez o transmite para uma célula nervosa, que provoca a contração do músculo do braço – ou seja, você retira a mão da panela quente.

Você consegue se lembrar de ter vivido uma situação como esta?

▲ Os nervos sensoriais (do sentido do tato) captam, através da pele, a sensação de calor, gerando um estímulo que percorre os nervos até chegar à medula espinal. Se a temperatura do objeto for alta e puder provocar queimadura, imediatamente, a medula manda um sinal a nervos que comandam músculos do braço, fazendo com que se contraiam e afastem a mão do perigo.

Nervos

Os nervos estão espalhados por todo o corpo e recebem ou levam informações para todas as partes dele.

Os sentidos

O corpo humano apresenta cinco sentidos: visão, audição, paladar, tato e olfato.

Cada sentido está relacionado a um órgão, que chamamos de órgãos dos sentidos. No caso da visão é o olho, da audição é a orelha, do paladar é a língua, do tato é a pele e do olfato é o nariz. Esses órgãos contêm células nervosas que captam estímulos do ambiente e os transmitem ao cérebro. O cérebro então, interpreta os estímulos, por exemplo, uma imagem, no caso da visão.

▲ Os nervos são responsáveis por receber e levar informações para todo o corpo. Jean-François de Troy. *A hunting meal*, 1737. Óleo sobre tela, 241 × 170 cm.

Sistema urinário

O sistema urinário é o principal responsável pela excreção, processo pelo qual são eliminadas substâncias que, se ficam no corpo em grande quantidade, são prejudiciais à saúde. Esse é o caso de muitas substâncias que o organismo produz, durante a digestão, por exemplo, e que precisam ser eliminadas. O sistema urinário retira essas toxinas e as mistura a líquidos que você ingeriu, depois elas saem no xixi.

Os órgãos que formam o sistema urinário são os rins, os ureteres, a bexiga urinária e a uretra.

Rins
Os rins são dois órgãos que se localizam na altura do abdome, um de cada lado do corpo. Eles funcionam como filtros, tirando as impurezas do sangue e transformando-as em urina. Eles reconhecem as substâncias que são boas e as retêm, e separam as outras para serem descartadas. Dos rins elas vão para os ureteres.

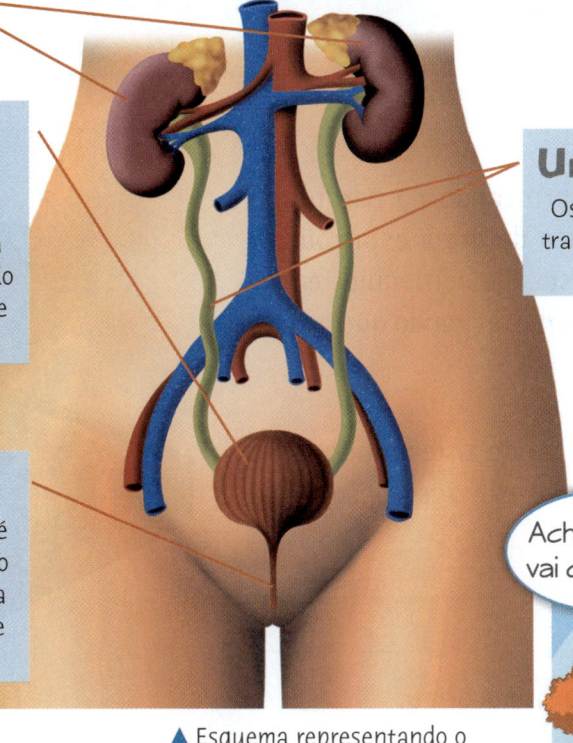

Bexiga urinária
A bexiga urinária é a bolsa que armazena urina até sua eliminação. Ela apresenta alta capacidade elástica, motivo pelo qual pode aumentar de volume conforme vai se enchendo.

Ureteres
Os ureteres são canais que transportam a urina dos rins para a bexiga.

Uretra
Para ser eliminada, a urina é conduzida da bexiga ao meio exterior pela uretra. A urina sai pelo pênis nos homens e pela vagina nas mulheres.

▲ Esquema representando o sistema urinário humano.

Acho que não vai dar tempo!

▲ Quando a bexiga fica cheia de urina, sentimos vontade de fazer xixi.

SAIBA MAIS

- O processo de excreção não está relacionado ao processo de eliminação das fezes. A eliminação das fezes, que contém restos de alimentos não digeridos, é feita pela evacuação. Já a excreção, que ocorre pelo sistema urinário ou pelo suor, libera substâncias tóxicas produzidas pela atividade das células.
- A cada dia, os rins purificam cerca de 1.500 litros de sangue. Outra curiosidade é que o rim direito é mais baixo do que o esquerdo porque está localizado abaixo do fígado.

ATIVIDADES

1 Escreva **N** para os componentes do sistema nervoso e **U** para os do sistema urinário.

a) ☐ bexiga urinária   e) ☐ ureter

b) ☐ encéfalo   f) ☐ nervo

c) ☐ medula espinal   g) ☐ uretra

d) ☐ rim

2 Se uma pessoa passa por um acidente e tem o cerebelo danificado, que tipos de problemas ela pode apresentar?

_____

_____

3 Joaquim estava brincando no parquinho quando um pouco de areia espirrou em direção a seu rosto. Ele conseguiu fechar os olhos rapidamente, evitando que a areia entrasse.

a) Que componente do sistema nervoso é responsável por esse tipo de reação rápida e involuntária?

_____

_____

b) Explique como isso ocorreu.

_____

_____

_____

_____

_____

4 Explique as funções das estruturas a seguir no processo de excreção.

a) Rins: _____

b) Ureteres: _____

c) Bexiga urinária: _____

d) Uretra: _____

Sistema genital

Desde que nascemos, nosso corpo passa por uma série de transformações. Em determinada fase da vida, ele começa a produzir células destinadas à reprodução, isto é, à formação de novos seres humanos.

O conjunto de órgãos responsáveis pela reprodução humana forma o sistema genital. O sistema genital feminino é diferente do masculino. Por isso o corpo dos homens é tão diferente do corpo das mulheres.

Sistema genital masculino

Os principais órgãos do sistema genital masculino são o pênis e os testículos.

Vesículas seminais: produzem uma substância nutritiva para os espermatozoides.

Escroto: local onde ficam alojados os testículos.

Próstata: glândula que produz uma substância viscosa que ajuda a prolongar a vida dos espermatozoides.

Pênis: é o órgão copulador masculino. Ele possibilita o depósito dos espermatozoides no interior do corpo da mulher.

Testículos: produzem os espermatozoides, células reprodutoras masculinas.

Sistema genital feminino

Os principais órgãos do sistema genital feminino são os ovários, as tubas uterinas, o útero e a vagina.

Útero: é um órgão musculoso e oco. Depois que um óvulo é fertilizado por um espermatozoide (do homem) ele se torna um embrião e se desenvolve dentro do útero.

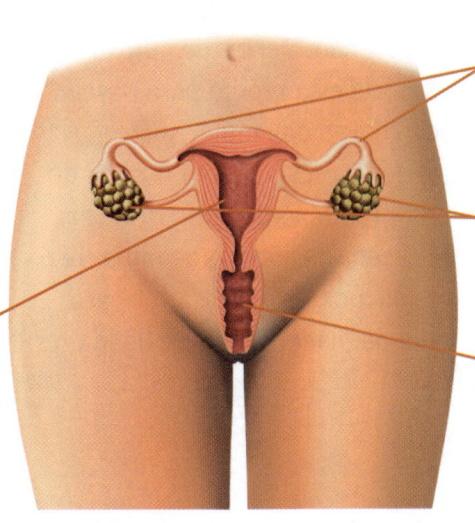

Tubas uterinas: são dois tubos que ligam os ovários ao útero.

Ovários: produzem os óvulos, as células reprodutoras femininas.

Vagina: é o órgão que liga o útero ao meio externo. É o órgão que recebe o espermatozoide do homem e é por esse órgão que o bebê nasce nos partos naturais.

SAIBA MAIS

Muitas doenças podem ser transmitidas pelo contato sexual sem proteção, isto é, sem o uso de preservativos. Elas são conhecidas pela sigla DST, que significa doenças sexualmente transmissíveis.

Gerando uma nova vida

A reprodução do ser humano ocorre de modo sexuado, com a fecundação acontecendo no interior do corpo da mulher.

A cada 28 dias, aproximadamente, a mulher tem um período chamado fértil, em que um óvulo sai dos ovários e se dirige ao útero, passando pelas tubas uterinas. Se um espermatozoide for depositado no corpo da mulher nesse período e penetrar no óvulo, poderá ocorrer a fecundação. Isso geralmente acontece quando o óvulo ainda está nas tubas uterinas.

▲ Espermatozoides fecundando um óvulo.

O óvulo fecundado sai das tubas uterinas e chega ao útero, prendendo-se em suas paredes internas, que nesse período estão repletas de sangue, preparadas para recebê-lo. O óvulo começa a se desenvolver, formando um embrião.

Esquema representando a fecundação de um óvulo por um espermatozoide. Após a fecundação, o óvulo fecundado se fixa na parede do útero, onde irá se desenvolver e se transformar num embrião.

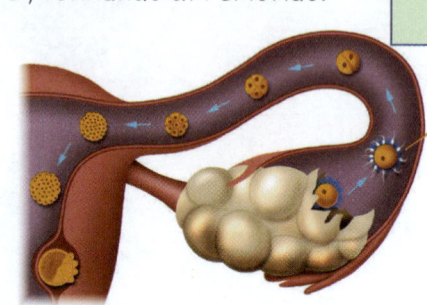

Após algumas semanas, o embrião já apresenta todas as partes do bebê: braços, pernas, coração etc.; nesse estágio, passa a ser chamado de feto e continua crescendo. Depois de aproximadamente 40 semanas, ou 9 meses, ele está pronto para nascer.

No período da gestação, o corpo da mulher sofre várias modificações: o abdome e os seios crescem, em função do desenvolvimento do feto e da produção do leite, que será o primeiro alimento do bebê recém-nascido. No ambiente uterino, o feto recebe todos os nutrientes necessários para seu desenvolvimento por meio da placenta, que é ligada ao feto pelo cordão umbilical.

A menstruação

Quando o óvulo não é fecundado, ele se desfaz nas tubas uterinas. A parede interna do útero também se desfaz e como ela estava mais espessa, repleta de sangue, ao se desprender, forma um fluxo de sangue que sai pela vagina. Esse sangramento, que dura aproximadamente de três a cinco dias, é chamado de menstruação.

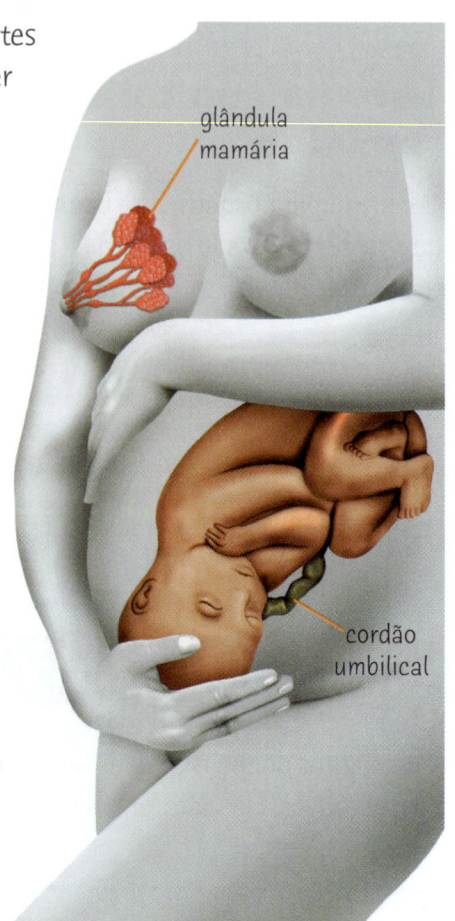

As fases da vida

Durante seu desenvolvimento, os seres humanos passam por diferentes fases na vida: a **infância**, a **puberdade**, a **adolescência**, a **idade adulta** e a **velhice**.

Infância

A infância dura do nascimento até mais ou menos os 10 anos. Nessa fase, a criança deve aprender as normas para o bom convívio com o mundo.

Aprende que nem tudo é como ela gostaria, que existem limites para a realização e aquisição das coisas, que ninguém é igual a ninguém, que todos têm gostos e desejos diferentes.

Esse conhecimento e a integração com o mundo devem ser transmitidos em um primeiro momento pelos familiares, que podem ser os pais, os avós, os tios ou os responsáveis pela criança.

Adolescência

A adolescência é o período de transição da infância para a idade adulta. Nessa fase ocorrem muitas mudanças no indivíduo, tanto psicológicas como físicas, como veremos a seguir.

Idade adulta

Essa fase se inicia por volta dos 20 anos, quando o corpo já está totalmente desenvolvido. A pessoa passa a ter muitas responsabilidades sociais. É nesse período que geralmente o ser humano se reproduz.

Velhice

Período que se inicia por volta dos 65 anos e permanece pelo resto da vida do indivíduo. As mulheres já não podem mais ter filhos, diferentemente dos homens, que demoram mais tempo para perder essa capacidade.

Mudanças na adolescência

Durante a adolescência, os jovens passam por diversas mudanças, que estão relacionadas principalmente ao amadurecimento sexual.

Chamamos de **puberdade** a fase de transição entre a infância e a adolescência, cujo início pode variar de indivíduo para indivíduo, ocorrendo geralmente dos 11 aos 14 anos. Nessa fase ocorre o amadurecimento dos órgãos sexuais, com a produção das células reprodutoras. Com isso, o indivíduo torna-se fisicamente apto a se reproduzir.

Mudanças físicas

Além das mudanças que vimos, o corpo dos adolescentes passa por intensas transformações, como aumento da altura e crescimento de pelos nas axilas e na região dos órgãos sexuais.

Nessa fase, os seios das meninas se desenvolvem, o corpo começa a adquirir formas mais curvilíneas, o quadril se alarga e ocorre a menstruação.

Nos meninos, os testículos crescem, o pênis aumenta, a voz fica mais grave, o corpo torna-se mais musculoso e começam a aparecer os pelos faciais, que constituirão o bigode e a barba.

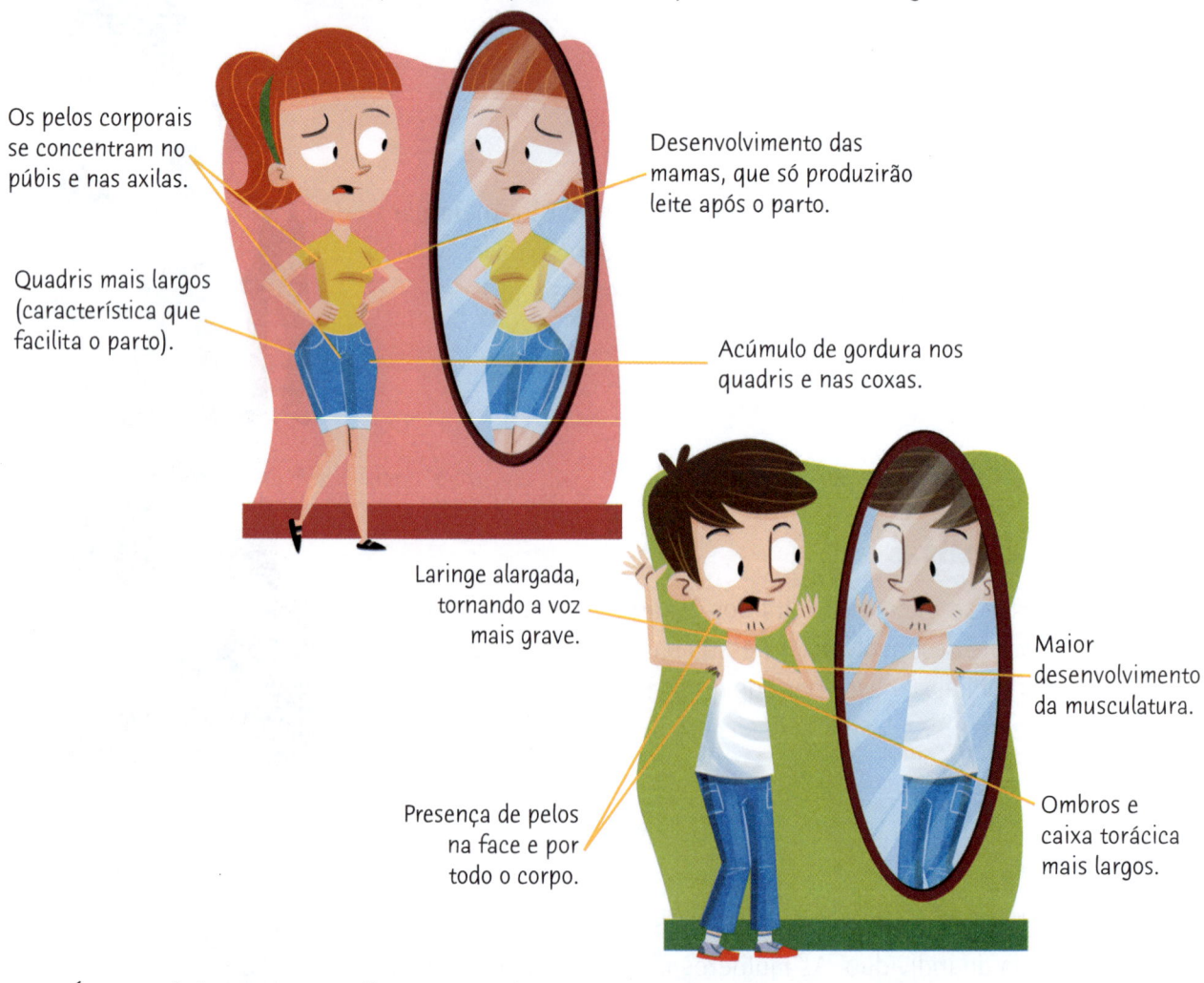

- Os pelos corporais se concentram no púbis e nas axilas.
- Quadris mais largos (característica que facilita o parto).
- Desenvolvimento das mamas, que só produzirão leite após o parto.
- Acúmulo de gordura nos quadris e nas coxas.

- Laringe alargada, tornando a voz mais grave.
- Presença de pelos na face e por todo o corpo.
- Maior desenvolvimento da musculatura.
- Ombros e caixa torácica mais largos.

É normal durante essa fase se sentir um pouco desajeitado ou inseguro, já que essas mudanças ocorrem rapidamente e muitas vezes os adolescentes não se sentem confortáveis com elas. Essas alterações fazem parte do desenvolvimento de todos os seres humanos.

ATIVIDADES

1 Ordene as fases da reprodução numerando na sequência correta.

a) ☐ O óvulo se desenvolve, dando origem ao embrião.

b) ☐ O espermatozoide é depositado no interior do corpo da mulher.

c) ☐ O óvulo fecundado atinge o útero.

d) ☐ A mulher produz o óvulo e o homem produz o espermatozoide.

e) ☐ O embrião se desenvolve e passa a ser chamado de feto.

f) ☐ O óvulo fixa-se nas paredes do útero.

g) ☐ O óvulo é fecundado pelo espermatozoide.

h) ☐ Termina o desenvolvimento do feto e ocorre o nascimento do bebê.

2 Ligue as fases da vida a suas principais características.

a) infância

b) adolescência

c) idade adulta

d) velhice

Fase de intensas mudanças.

Em geral os indivíduos se reproduzem nessa fase.

Geralmente os indivíduos dessa fase não podem ter filhos.

Fase de grande aprendizagem.

3 Escreva o nome das partes principais que compõem os órgãos a seguir.

a)

b)

UNIDADE 9
Meio ambiente e saúde pública

Que paisagem linda, papai. Quanta natureza! Ainda bem que estão cuidando de tudo isso, né?

— Olhe com mais atenção, Mariana! Você acha mesmo que o ser humano está cuidando bem do ambiente em que vive?

Que resposta você acha que Mariana deu para seu pai? O modo como o ambiente vem sendo tratado pelos seres humanos afeta a saúde da população?

O ser humano e a exploração do ambiente

O ser humano provoca diversas modificações no ambiente buscando o desenvolvimento e melhorias na qualidade de vida. Entretanto, o impacto causado por ele nesse ambiente é maior do que o causado por qualquer outra espécie. Será que essas ações realmente melhoram a vida das pessoas?

▲ Observe as fotografias acima de um mesmo ambiente em épocas diferentes. A ação do ser humano modificou essa paisagem. Fotografia **A**: Rio Tietê em 1905. Fotografia **B**: Rio Tietê em 2012.

Os principais fatores que causam impacto no ambiente são:

- o crescimento desenfreado da população humana;
- a intensa exploração de matérias-primas.

Nos últimos séculos, a população humana cresceu de forma acelerada em pouco tempo, o que causou uma maior exploração do ambiente para a obtenção de recursos naturais.

▲ Capa da Revista *Época* de 6 de junho de 2011.

Onde iremos parar com tanta gente neste mundo?

◀ Atualmente vivem cerca de 7 bilhões de pessoas no planeta Terra.

Com a maior necessidade de matérias-primas, alimentos etc., intensificaram-se atividades humanas como caça, pesca, agricultura, pecuária, mineração, industrialização e urbanização.

▲ A necessidade de mais áreas para o plantio resulta em cada vez mais desmatamentos.

▲ A exploração de minérios também causa grandes impactos no ambiente.

Como consequência temos desmatamentos, modificações na paisagem, alterações climáticas, diminuição da biodiversidade, poluição do ar, de rios, lagos e do solo.

Todos esses fatores podem trazer sérios riscos à saúde humana. Por exemplo, a baixa qualidade atmosférica – em alguns casos decorrente da atividade industrial e da diminuição da quantidade de plantas no planeta – pode causar infecções respiratórias e alergias. Da mesma forma, a poluição das águas, que pode ser provocada por atividades industriais ou agrícolas, traz diversas doenças aos seres humanos, como a hepatite e a amebíase.

Assim, o problema da degradação do ambiente tem sido cada vez mais discutido. A comunidade internacional vem pensando no que podemos fazer para reduzir a interferência das atividades humanas no ambiente. A preservação dos ambientes naturais e assim a garantia de um futuro mais saudável para toda a população, é hoje um dos principais desafios do desenvolvimento humano.

▶ A degradação dos recursos naturais prejudica todos os seres vivos, inclusive os seres humanos; por exemplo, pode diminuir a oferta de peixes em razão da poluição dos rios.

Tratamento de esgoto e a saúde pública

O consumo de água contaminada pode causar diversas doenças nos seres humanos. Uma das principais formas de contaminação da água é o despejo do esgoto doméstico em rios e outros corpos de água.

O esgoto doméstico é produzido em nossas casas. Ele contém fezes e tudo o que é despejado descarga abaixo ou pelos ralos. Assim, ele carrega muitos microrganismos que podem causar doenças nos seres humanos, além de matéria orgânica e lixo, que podem atrair vários organismos prejudiciais à nossa saúde.

Com isso, é de extrema importância que a água do esgoto seja tratada, com a remoção de grande parte de suas impurezas, antes de ser devolvida ao ambiente.

Hoje o processo de tratamento do esgoto é realizado em diversas cidades. No entanto, quase metade das cidades no Brasil ainda não tem rede de coleta e tratamento do esgoto, uma situação preocupante, pois na maioria delas o esgoto é liberado diretamente em rios e córregos, por exemplo.

Pesquisas revelam que cerca de 3 bilhões de pessoas no mundo vivem sem as mínimas condições sanitárias. Além disso, estima-se que em torno de 1 milhão não têm acesso à água potável. Como consequência, doenças se espalham em diversas localidades, chegando a se transformar em verdadeiras epidemias. Exemplos de doenças causadas por águas contaminadas são: diarreia, leptospirose, esquistossomose, hepatite e febre tifoide.

▲ Quando ocorrem enchentes as pessoas ficam vulneráveis a contrair leptospirose. Ela é transmitida principalmente por meio da urina dos ratos de esgoto, que se espalha pela água e infecta as pessoas. Os sintomas são febre, calafrios, dor de cabeça e manchas na pele.

Epidemia: doença que geralmente se alastra rapidamente, atingindo ao mesmo tempo e no mesmo lugar grande número de pessoas.

ATIVIDADES

1 Marque verdadeiro (**V**) ou falso (**F**) nas afirmativas a seguir.

a) ☐ O ser humano não precisa provocar diversas modificações no ambiente, pois na natureza já há tudo do modo que ele precisa.

b) ☐ Apesar de modificar o ambiente as ações humanas são de baixo impacto.

c) ☐ Nos últimos séculos, a população humana cresceu de forma acelerada em pouco tempo.

2 Quais são os dois principais fatores que têm causado impacto no meio ambiente?
_____
_____

3 Complete a frase.

No mundo, cerca de 3 bilhões de pessoas vivem sem as mínimas condições _____ _____. A situação se agrava quando se sabe que em torno de 1 milhão não têm _____ à água _____. Como consequência, várias _____ se alastram.

4 Cite três doenças que podem ser transmitidas por águas contaminadas.
_____

5 A fotografia mostra um ambiente degradado pela ação humana. No quadro ao lado desenhe como você imagina esse ambiente antes da interferência humana.

BRINCANDO

1 Vamos encontrar na imagem abaixo seis atividades humanas que causam impacto no ambiente? Marque um **X** em todas elas.

O problema do lixo e a saúde pública
O lixo tóxico

Você já parou para pensar quanto lixo é produzido em sua casa em um dia? E na escola?

Uma enorme quantidade de lixo é produzida pelos seres humanos em todo o planeta. O lixo pode muitas vezes conter substâncias tóxicas, como no caso de pilhas e baterias.

As pilhas (de rádios, controles remotos, brinquedos etc.) e as baterias (de celulares, máquinas fotográficas, computadores etc.) são tão pequenas que não damos importância a elas e acabam sendo jogadas no lixo comum quando não têm mais utilidade. No entanto esses materiais representam um grave risco ambiental. Em sua composição eles contêm o que chamamos de metais pesados.

Os metais pesados – como o mercúrio, o chumbo e o cádmio – são elementos químicos que em certas quantidades podem ser extremamente tóxicos para o organismo; eles estão presentes em pilhas e baterias.

Esses três elementos afetam o sistema nervoso central, os rins, o fígado e os pulmões. Além disso, o cádmio e o mercúrio são carcinogênicos (causam câncer).

Por essa razão, esses objetos devem ser descartados em lixos especiais, em programas de coleta seletiva de lixo. Quando são descartados com o lixo comum, acabam indo para aterros sanitários, onde podem contaminar o solo e a água subterrânea, o que afeta a fauna e a flora. Não é difícil imaginar que esses contaminantes também afetam os humanos, não é mesmo? O lençol freático subterrâneo contaminado pode ser a fonte da água que bebemos ou que rega as hortaliças que comemos.

▲ No Brasil, cerca de 800 milhões de pilhas são produzidas por ano. A situação piora quando sabemos que os elementos químicos de que são feitas podem ficar retidos no ambiente durante milhares de anos. O que fazer? Não coloque esses materiais usados junto com o restante do lixo, separe-os e envie para locais apropriados de coleta.

O lixo hospitalar

O lixo hospitalar é outra fonte de resíduos que também tem de ter descarte especial. Neste lixo encontram-se seringas, agulhas, vidros, sondas, curativos etc. que não podem ser despejados em aterros sanitários comuns. Esse lixo representa um grande perigo à saúde, pois certamente está contaminado com microrganismos causadores de doenças. Ele tem de ser recolhido por empresas especializadas que o levam para ser incinerado.

▲ Apesar da recomendação de que deve ser totalmente incinerado, não é raro nos depararmos com notícias como essas na mídia.

O lixo industrial

O lixo industrial é entre todos o que mais preocupa os ambientalistas. Esse tipo de lixo varia de acordo com o material que é produzido. A indústria metalúrgica, alimentícia, química, de armamentos etc., cada uma gera resíduos bem diferentes. Por conseguinte o tratamento a ser dado a cada tipo de lixo deve ser diferenciado. Em alguns casos o refugo (sobra da produção) pode ser reciclado e usado para fabricação de outros produtos. Em outras situações, como na indústria química, o refugo tem de ser tratado antes de ser descartado. O problema é quando ele não é tratado, sendo jogado em rios ou queimado, o que polui o meio ambiente. E isso infelizmente é muito comum.

O lixo doméstico

O lixo doméstico é aquele que produzimos todos os dias em nossas casas. Nas áreas urbanas, os dejetos devem ser recolhidos em sacos plásticos e retirados por equipes de limpeza da prefeitura. Não deve ser enterrado ou queimado, o que pode causar acidentes e contaminações. O mais grave é jogar lixo diretamente na beira de rios ou no sistema de esgoto. A Companhia de Saneamento Básico do Estado de São Paulo (Sabesp) fez um levantamento do que as pessoas estão jogando em suas pias e privadas e encontrou chinelos, bonecas, embalagens de iogurte, pedaços de roupas, tubos de pasta de dente, esponjas de cozinha etc. Esses objetos deveriam estar na água de esgoto?

O lixo doméstico parece pouco quando comparado ao de grandes indústrias, mas essa percepção muda quando ficamos sabendo que os aterros sanitários que recebem nosso lixo estão quase todos com sua capacidade esgotada, afinal, são milhares de pessoas produzindo toneladas de lixo todos os dias. Há três boas alternativas para diminuir a quantidade de lixo: primeiro, a **redução** do consumo, o que gera menos lixo; segundo, a **reutilização**, ou seja, aproveitamento para diferentes finalidades de alguns materiais que seriam descartados; e a **reciclagem**, por meio da qual transforma-se um material descartado em outro, que é útil.

▲ Embalagens que apresentam esse símbolo podem ser recicladas.

Lixeiras de coleta seletiva e suas cores

PAPEL — METAL — PLÁSTICO — VIDRO — NÃO RECICLÁVEL

Tudo isso?

Além da contaminação, outro problema do lixo é o tempo que ele demora para se decompor, ou seja, desaparecer. Veja o tempo de decomposição de alguns produtos de nosso dia a dia.

- Casca de frutas: 1 a 3 meses.
- Jornal: 6 meses.
- Tecido: 6 meses a 1 ano.
- Goma de mascar: 5 anos.
- Solado de borracha: 80 anos.
- Plástico: 100 anos.
- Metal: 100 anos.
- Vidro: 4.000 anos.

PEQUENO CIDADÃO

Você já colabora com a higiene de sua casa, da escola e do ambiente, não é mesmo? Mas nunca é demais nos lembrarmos do que é preciso fazer. Verifique se você segue as recomendações a seguir.

- Manter o quarto limpo e arrumado.
- Dar descarga após o uso do vaso sanitário e não jogar objetos impróprios dentro dele.
- Manter o piso limpo, sem restos de alimento.
- Descartar o lixo em sacos plásticos com a boca amarrada, que devem ser colocados em lixeiras bem tampadas para não atrair moscas ou outros animais prejudiciais à saúde.
- Separar o lixo que pode ser reciclado.
- Não deixar água parada em vasos, garrafas ou pneus jogados pelo quintal para evitar a reprodução do mosquito transmissor da dengue e da febre amarela.

Poluição atmosférica

Um dos principais impactos da atividade humana no ambiente é a poluição atmosférica. A poluição atmosférica corresponde a mudanças na composição do ar devido à contaminação por gases, impurezas e microrganismos. Ela pode ser prejudicial tanto à saúde humana – causando problemas respiratórios, alergias e infecções – quanto ao ambiente, comprometendo o desenvolvimento de plantas e animais.

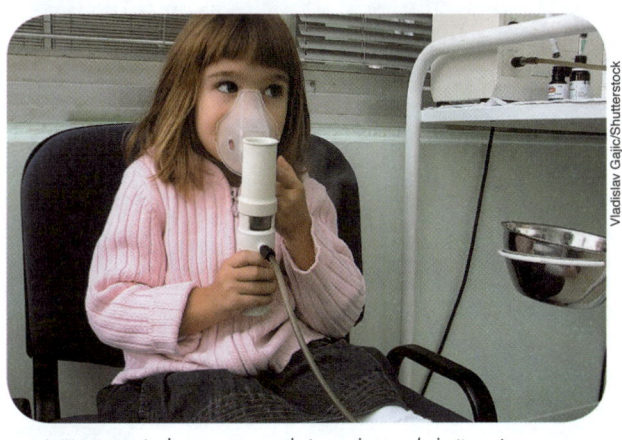

▲ Em períodos em que há muita poluição, é comum pessoas precisarem recorrer à inalação para aliviar os sintomas de problemas respiratórios.

As alterações na composição do ar também podem causar problemas tão graves como o aquecimento global – ou seja, o aumento das temperaturas no planeta – e a chuva ácida. A água da chuva ácida é contaminada por substâncias tóxicas presentes no ar. Esse tipo de chuva é comum em áreas industriais, e por ser ácida ela causa danos diretos aos seres vivos e pode danificar monumentos e prédios, por exemplo.

◀ Estátua danificada pela chuva ácida.

As principais fontes poluidoras do ar são as **indústrias**, os **veículos** e as **queimadas**. A emissão de poluentes por essas fontes pode ser evitada pela redução do seu uso e pela aplicação de filtros nas chaminés das indústrias e nos escapamentos de carros.

SAIBA MAIS

Você sabia que há outras formas de poluição, além da do ar, da água e do solo? Apesar de não parecer um tipo de poluição à primeira vista, elas podem prejudicar o ambiente e trazer danos à saúde humana.

- **Poluição visual** – é decorrente do excesso de elementos visuais no meio urbano, como cartazes, luminosos, placas, anúncios etc. Causa desconforto visual e pode contribuir para o estresse, a insônia e outros distúrbios.

▲ Poluição visual, ou seja, o excesso de propaganda

▲ Demonstração de conforto visual, sem propagandas em excesso, com ruas limpas e a presença de mais árvores.

- **Poluição sonora** – é causada pelo excesso de barulho, comum nos centros urbanos, perto de avenidas, grandes indústrias, construções, marcenarias, serralherias etc. Pode provocar irritação, insônia e perda da concentração.

▲ Via urbana, cuja poluição sonora está sendo medida por um aparelho.

ATIVIDADES

1) Qual é o nome do local especial onde o lixo doméstico é depositado?
_____

2) Cite três componentes químicos que podem ser encontrados em pilhas e baterias e as doenças que podem causar.
_____
_____

3) O problema do lixo hospitalar está solucionado no Brasil? Como você pode comprovar sua resposta?
_____
_____

4) Escreva uma frase explicando como o problema do lixo pode ser melhorado. Ela deve conter as seguintes palavras: reciclar, reutilizar e reduzir.
_____
_____

5) Analise as figuras a seguir e faça um **X** com lápis ou caneta vermelha para assinalar aquelas que mostram formas incorretas de descarte do lixo doméstico.

a) ☐

c) ☐

b) ☐

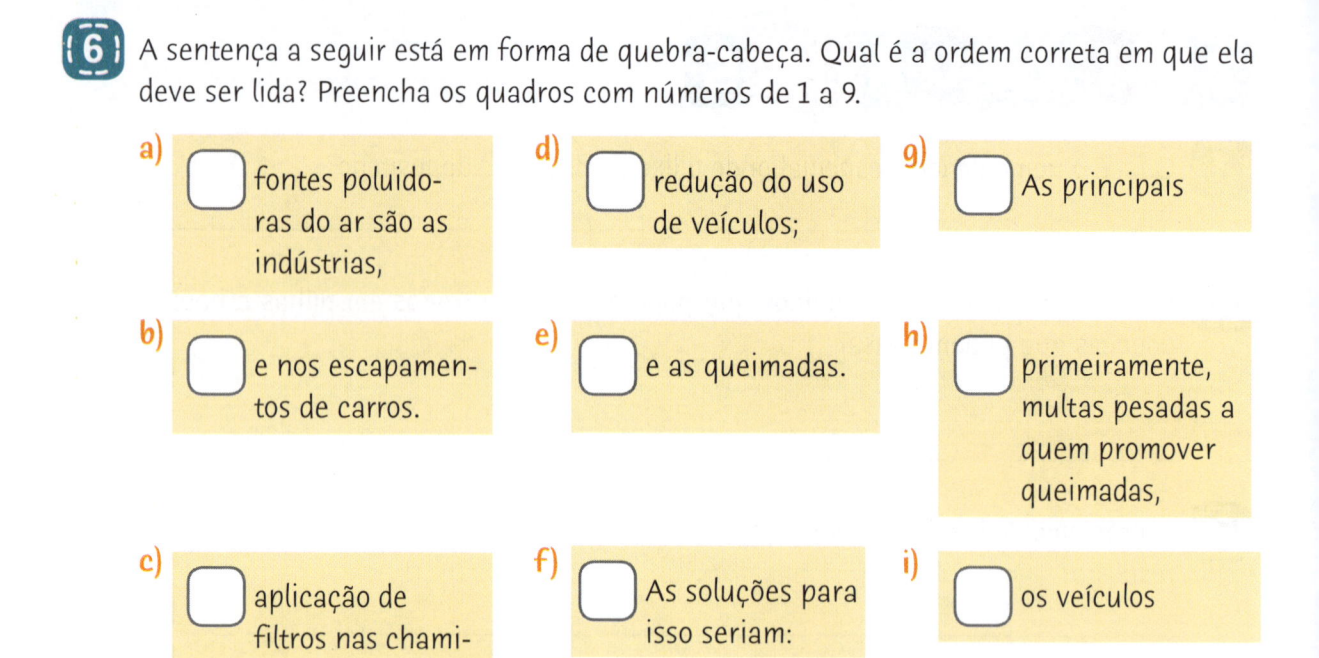

6 A sentença a seguir está em forma de quebra-cabeça. Qual é a ordem correta em que ela deve ser lida? Preencha os quadros com números de 1 a 9.

a) ☐ fontes poluidoras do ar são as indústrias,

d) ☐ redução do uso de veículos;

g) ☐ As principais

b) ☐ e nos escapamentos de carros.

e) ☐ e as queimadas.

h) ☐ primeiramente, multas pesadas a quem promover queimadas,

c) ☐ aplicação de filtros nas chaminés das indústrias

f) ☐ As soluções para isso seriam:

i) ☐ os veículos

7 Vamos analisar juntos o gráfico sobre o aumento da população mundial.

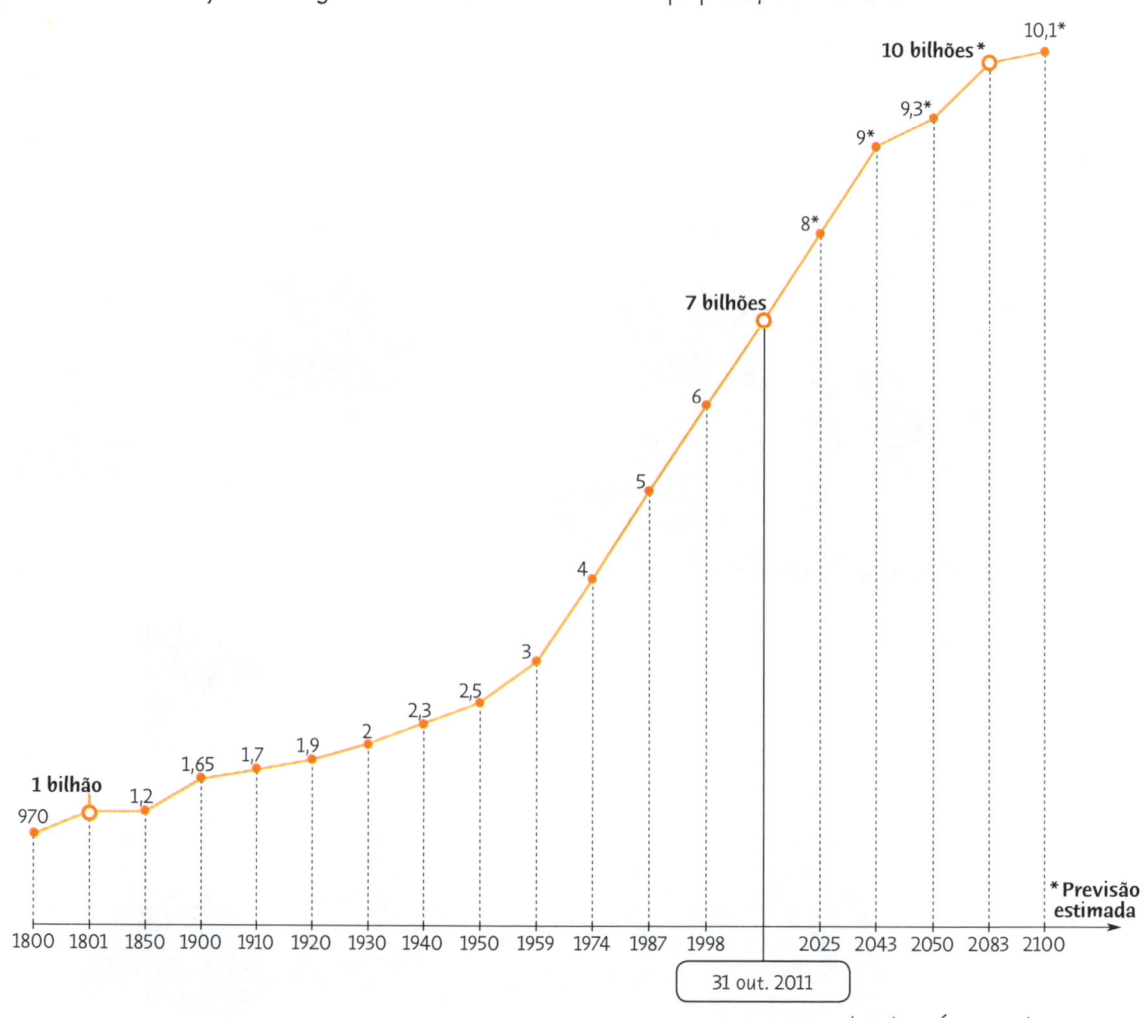

Fonte: ONU/Revista *Época*. 6 jun. 2011.

a) Na base do gráfico, vemos:
- ☐ a passagem dos anos.
- ☐ o número de habitantes no mundo.

b) A linha que sobe da esquerda para a direita indica:
- ☐ o número de habitantes no mundo.
- ☐ a passagem dos anos.

c) Em que ano a humanidade atingiu 1 bilhão de habitantes?
___

d) Qual era a população mundial em 1959?
___

e) O que o gráfico mostra ter ocorrido no dia 31 de outubro de 2011?
___

f) É **certeza** que haverá 10 bilhões de habitantes em 2083?
___

BRINCANDO

1 Leia o poema a seguir e ouça a música. Depois, pinte as ilustrações e escreva no caderno o que você mudaria no mundo se ele fosse seu.

Paraíso

Se esta rua fosse minha,
eu mandava ladrilhar,
não para automóveis matar gente,
mas para criança brincar.
Se esta mata fosse minha,
eu não deixava derrubar.
Se cortarem todas as árvores,
Onde é que os pássaros vão morar?
Se este rio fosse meu,
eu não deixava poluir.
Joguem esgotos noutra parte,
que os peixes moram aqui.
Se este mundo fosse meu,
eu fazia tantas mudanças
que ele seria um paraíso
de bichos, plantas e crianças.

Paraíso © PAES, José Paulo. *Poemas para brincar*.
São Paulo: Ática, 2011.

UNIDADE 10
Matéria e energia

Energia pode ser entendida como a capacidade de realizar trabalho, a capacidade de colocar as coisas em movimento. Vamos analisar a imagem deste indígena com seu arco e flecha.

Ao tensionar o arco e a corda, é criada uma forma de energia que ainda não foi liberada. Quando a flecha for disparada, essa energia se transformará em uma energia de movimento. Essas e outras formas de energia estão presentes em todos os lugares. Por exemplo, a energia que esquenta o forno do fogão, a energia elétrica que liga o computador, a energia que faz um carro se movimentar ou um foguete ir para o espaço.

Há sempre energia agindo sobre a matéria. Mas o que é matéria mesmo?

Matéria

Matéria é tudo o que tem massa e ocupa lugar no espaço. Todos os elementos, independentemente de seu estado físico – sólido, líquido ou gasoso –, são formados por matéria.

Olhe para os objetos à sua volta: tudo é matéria. Há matéria até onde você não pode ver, como no caso dos gases.

O ar que está aqui em volta, e não podemos ver, também é matéria

O ferro é matéria.

A água é matéria.

Massa

Toda matéria tem massa. Mas o que é massa? Massa, de maneira geral, corresponde à quantidade de determinado material, o que pode ser verificado em balanças. Os **corpos** apresentam variação em sua massa.

> **Corpo:** é uma porção limitada da matéria. Um corpo pode ser uma carteira, um caderno, um lápis.

A unidade de medida mais comum para a massa é o quilograma (kg). Outra unidade comumente utilizada para medida de massa é o grama (g). Um quilograma corresponde a 1000 gramas.

▲ Balança de equilíbrio.

▲ Balança digital.

Inércia

Lucas estava no parque e disse:

> Ninguém me empurra, vou usar a força do pensamento para mover a balança!

Ele não se moveu, e todos riram muito, inclusive ele.

Isso aconteceu por causa da lei da Inércia:

> Qualquer matéria tende a permanecer na posição em que se encontra.

Dizemos que o corpo dele estava em repouso. Não significa que estava dormindo, mas simplesmente que estava parado.

Se alguém resolve empurrar Lucas na balança, ele começa a ir para frente e para trás. Nesse momento dizemos que sua inércia foi quebrada.

Mas ele se cansa e diz:

Pare a balança, eu quero descer.

Quando alguém o para bruscamente, ele é jogado para a frente, afinal, a posição em que ele se encontrava era de movimento; nesse momento a sua inércia também foi quebrada.

A diferença é que antes a posição era de repouso e agora é de movimento, mas nos dois casos a inércia estava atuando.

Volume

Sabemos que toda matéria ocupa um lugar no espaço. A medida do espaço que a matéria ocupa corresponde a seu volume. O volume dos corpos pode variar bastante – quanto maior o corpo, ou seja, quanto maior o espaço que ele ocupa, maior é seu volume.

O volume de um corpo líquido pode ser medido em recipientes graduados. Da mesma forma, o volume de um corpo sólido pode ser medido ao mergulhar esse corpo em um líquido dentro de um recipiente graduado. O volume do corpo vai corresponder à diferença entre o nível final e o nível inicial do líquido.

A medida de volume mais usada é o litro (L). Outra medida comum é o mililitro (mL). Cada litro contém 1000 mililitros.

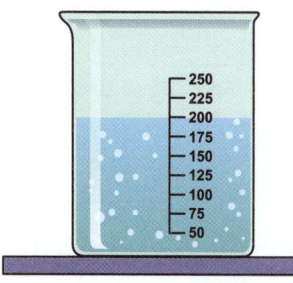

Compressibilidade e elasticidade

A matéria pode ser comprimida, ou seja, ter o seu volume diminuído. Já a elasticidade está relacionada à capacidade da matéria de retornar ao seu volume inicial, quando deixa de ser comprimida. Essas propriedades variam de acordo com o tipo de matéria; por exemplo, os gases são facilmente comprimidos, já os líquidos não.

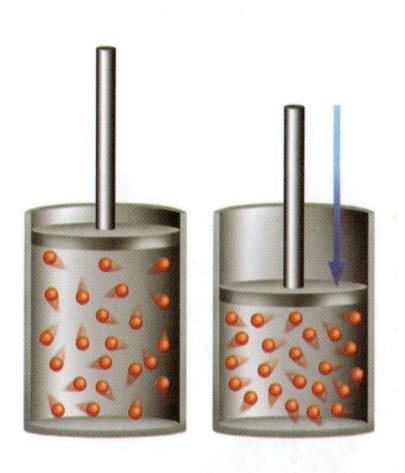

Impenetrabilidade

Um corpo não pode ocupar o mesmo lugar que outro corpo no espaço ao mesmo tempo. É por isso que não conseguimos, por exemplo, atravessar uma parede de tijolos.

Indestrutibilidade

A matéria nunca pode ser criada ou completamente destruída. Ela sempre é transformada em outra coisa, ou então formada de outra matéria. Quando quebramos um copo, todo o conteúdo do copo continua existindo, mesmo que em pedaços menores. Da mesma forma, ao queimarmos lenha em uma fogueira, a matéria que formava a madeira continua existindo, ela apenas foi transformada em cinzas e outras substâncias.

Gravidade

Como vimos, uma das propriedades da matéria é a massa. A massa está diretamente relacionada a outra propriedade de matéria, a gravidade. A gravidade é uma força fundamental da natureza, que atua sobre os corpos com massa.

Pela força da gravidade, os corpos maiores atraem os menores: o planeta Terra, que é grande, atrai você e os objetos a sua volta, prendendo-os ao solo. É por causa da gravidade que os objetos caem no chão em vez de ficarem flutuando.

Magnetismo

Alguns materiais apresentam uma propriedade particular, o magnetismo. O magnetismo é a capacidade de um corpo de atrair ou repelir outros materiais. Os imãs são objetos magnéticos.

O planeta Terra apresenta um forte campo magnético, funcionando como um imã. O Polo Norte magnético da Terra fica próximo ao Polo Sul geográfico, e o Polo Sul magnético fica próximo ao Polo Norte geográfico.

◀ A bússola contém uma agulha magnetizada, que sofre influência dos polos magnéticos da Terra, de forma que aponta sempre para o norte e sul.

▲ A magnetita é um imã natural.

▲ Determinados metais podem ser transformados em imãs artificiais.

Transformações da matéria

A matéria pode sofrer diversas transformações. Os seres humanos podem utilizá-la de acordo com suas necessidades, formando outros materiais, como o plástico, o latão, vários objetos de madeira etc.

As transformações da matéria podem ser divididas em dois tipos: transformações físicas e transformações químicas.

Transformações físicas

São transformações que não alteram a composição do material. Por exemplo, quando um material é formado por cobre e continua sendo cobre mesmo depois da transformação física.

▲ Minério de cobre.

▲ Fios de cobre.

Eu não falei para você não mexer nisso?

Não se preocupe, mamãe. Cada fragmento mantém a composição do corpo inicial, apenas está menor.

Um exemplo de transformação física é a mudança no estado físico. A água, por exemplo, é líquida na temperatura ambiente. Se for aquecida, pode se tornar gasosa, formando o vapor de água. E se for resfriada, pode se tornar sólida, formando o gelo. Mas nos três casos sua composição permanece a mesma – ela continua sendo água.

Outro exemplo de transformação física é a fragmentação de um corpo, ou seja, sua divisão em pedaços. Cada fragmento continua tendo a mesma composição do corpo inicial, apesar de ser menor. Os fragmentos formados pela quebra de um copo de vidro continuam sendo vidro.

Transformações químicas

São transformações que alteram a composição do material. Por exemplo, a mistura de dois materiais, o ferro e o carbono, resultam em um terceiro material: o aço. Isto é, na transformação, ocorre a formação de uma substância diferente.

▲ Ferro. + ▲ Carbono. = ▲ Aço.

Outro exemplo de transformação química é a combustão. Nesse processo, um material é queimado, levando à constituição de uma nova substância. Ao se queimar uma folha de papel, por exemplo, são formados cinzas e gases.

▲ Folha de papel sendo queimada.

Outros exemplos de transformações químicas são a oxidação e a decomposição da matéria orgânica. A oxidação é o processo em que um material é transformado por ação de outra substância, como o oxigênio. Já a decomposição é o processo no qual as substâncias orgânicas são transformadas pela ação de fungos e bactérias.

▲ A ferrugem é um indício de transformação química, onde o oxigênio entra em reação com um metal.

▲ A decomposição orgânica realizada por fungos e bactérias resulta na transformação das substâncias que compõem uma laranja, por exemplo.

ATIVIDADES

1 Complete as frases de modo que defina o que é massa e o que é volume.

a) A massa de um material corresponde à sua _____ e pode ser medida em uma _____. Uma unidade de massa é o _____.

b) O volume corresponde ao _____. Ele é geralmente medido em _____.

2 Veja as figuras a seguir e identifique com um **X** qual objeto tem maior massa.

a) ☐ Açúcar 350 g

b) ☐ Arroz 800 g

c) ☐ Feijão 1000 g

3 Explique, em seu caderno, que propriedade da matéria evidencia a imagem 2.

"Eu vou me esbaldar!"

4 Observe as imagens a seguir e escreva qual situação indica que a matéria está em inércia e qual indica que a inércia foi quebrada.

a) _____

b) _____

5 Identifique nas imagens a seguir as propriedades da matéria que estão sendo demonstradas.

a) _____

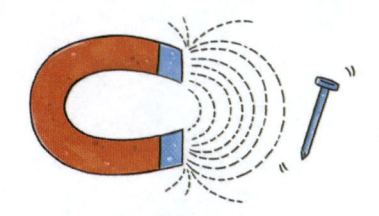

b) _____

c) _____

d) _____

e) _____

f) _____

6 Identifique quais das figuras a seguir representam transformações físicas (**F**) e quais representam transformações químicas (**Q**).

a) ☐

b) ☐

c) ☐

d) ☐

Energia

Tudo o que acontece no mundo depende de energia. Todos os seres vivos dependem de energia para sobreviver, assim como qualquer movimento ou atividade. A energia é definida como a capacidade de realizar um trabalho.

▲ Precisamos de energia para manter o funcionamento do corpo. Tanto quando estamos correndo, como quando estamos parados, descansando, nosso organismo está consumindo energia.

▲ Os automóveis se movem utilizando energia.

Formas de energia

Há diversas formas de energia, entre elas a energia luminosa, a térmica, a química, a elétrica e a do movimento. A energia pode ser transferida de um corpo para outro, ou então mudar de forma. Por exemplo, a energia do movimento de uma queda-d'água pode se transformar em energia elétrica em uma usina.

Energia luminosa

A energia luminosa é aquela gerada pela luz. As fontes de luz podem ser naturais, como o Sol, ou artificiais, como uma lâmpada. Em centros especializados, a luz solar pode ser captada e transformada em energia elétrica, usada para diversas finalidades.

◀ A claridade dos dias se deve à energia luminosa proveniente do Sol.

Energia térmica

O calor é uma forma de energia. A transferência de calor entre os corpos têm o poder de aquecê-los ou resfriá-los. Quando um corpo recebe calor ele esquenta; quando perde calor, esfria.

A energia térmica é produzida pelo calor. A principal fonte de calor do planeta é o Sol, sem o qual não haveria vida na Terra.

Nas usinas termelétricas, a energia térmica é transformada em energia elétrica pela queima de materiais. No entanto, esse tipo de energia gera muitos poluentes.

▲ Usinas termelétricas utilizam combustíveis para gerar calor e convertê-lo em energia elétrica. Usina termelétrica em Macaé, RJ.

▲ O calor gerado pela queima do carvão já foi a principal fonte de energia para movimentar locomotivas.

Energia química

A energia química é produzida pela quebra das ligações químicas entre os componentes das substâncias. É esse tipo de energia que está contida, por exemplo, nos alimentos – e é utilizada pelo nosso organismo – ou na gasolina (utilizada nos veículos) e nas pilhas e baterias.

▲ Os alimentos fornecem energia química.

▲ Pilhas e baterias armazenam energia química.

Energia do movimento

Esse tipo de energia é produzido pelos corpos em movimento. Um exemplo é a energia eólica e a energia produzida pela força das ondas.

▲ As ondas do mar batem de frente com a estrutura, e o movimento da estrutura é convertido em energia elétrica.

Energia elétrica

Antigamente, a humanidade só conhecia a eletricidade sob forma de faíscas elétricas, observadas quando ocorriam as tempestades, que produziam as descargas elétricas de relâmpagos e raios.

Com o passar do tempo, o ser humano descobriu como gerar eletricidade e utilizá-la em seu benefício. A eletricidade não pode ser vista, mas podemos perceber seus efeitos quando observamos, por exemplo, os aparelhos eletrodomésticos em funcionamento.

A energia elétrica é a que mais utilizamos em nossa casa. Ela é responsável por fazer funcionar todos os aparelhos elétricos, como televisão, geladeira, chuveiro etc.

A energia elétrica é gerada principalmente pelos seres humanos, pela transformação de outros tipos de energia, como a térmica, a do movimento e a química. Os raios são exemplos naturais de energia elétrica.

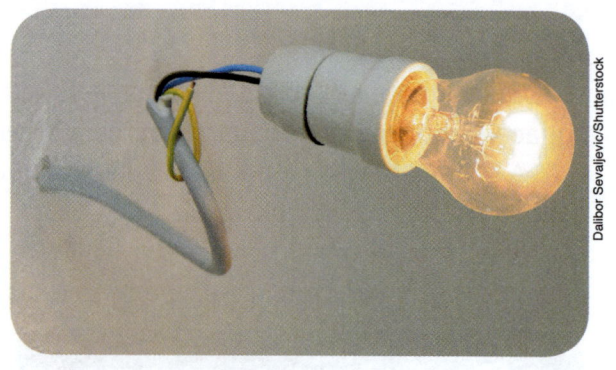

▲ A lâmpada transforma a energia elétrica em energia luminosa.

◄ Um ventilador transforma a energia elétrica em energia do movimento.

A principal forma de geração de eletricidade no Brasil são as hidrelétricas. Há várias maneiras de se gerar eletricidade e de transportá-la rapidamente a grandes distâncias. Uma delas é usando fios ou cabos bem grossos, chamados linhas de transmissão. Essas linhas conduzem a energia elétrica gerada nas usinas. Quando a eletricidade chega aos grandes centros urbanos, ela passa por uma subestação de energia elétrica e depois abastece a cidade. Nas cidades, a eletricidade segue por fios que podem ser enterrados ou suspensos nos postes das ruas.

SAIBA MAIS

Tome muito cuidado com a eletricidade!

- Evite tocar em tomadas ou fios (solicite que um adulto o faça).
- Não mexa em aparelhos elétricos com as mãos molhadas nem descalço.
- Não toque em fios elétricos que estiverem velhos ou descobertos.
- Não encoste os dedos ou objetos de metal nos furos das tomadas.
- Não puxe os fios dos aparelhos elétricos para desligá-los nem os esqueça ligados.
- Quando estiver empinando pipas, papagaios, arraias, fique longe de fios ou postes, para que sua pipa não fique presa nem você leve um choque!
- Não solte balões, pois, além de causar incêndios e provocar queimaduras, podem cair nos fios da rede elétrica, causando danos ao sistema de iluminação.

BRINCANDO DE CIENTISTA

1 Comprove a existência da eletricidade.

Segure um pente de plástico com dois dedos e esfregue-o em uma flanela várias vezes seguidas. Depois, aproxime o pente de pedacinhos de papel picado. Observe que os papeizinhos são atraídos pelo pente.

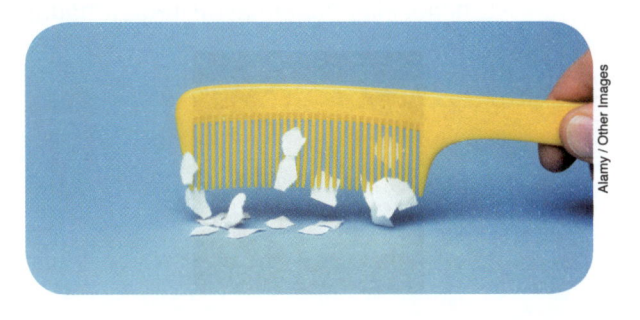

Isso acontece porque o pente, que tinha carga elétrica neutra, ao sofrer atrito em contato com a flanela, ficou com carga elétrica negativa e passou a atrair o papel, que tem carga elétrica positiva.

Na natureza é assim: todas as coisas têm carga elétrica positiva ou negativa, ou são eletricamente neutras. A carga positiva e a negativa se atraem, procurando ficar no estado neutro, ou seja, buscando anular uma à outra.

ATIVIDADES

1 Encontre no diagrama de palavras as formas de energia.

S	R	T	V	U	Y	D	V	X	L	H	T	M	K	F
W	Y	I	O	S	E	P	B	N	Z	U	O	O	P	T
H	J	O	Q	U	Í	M	I	C	A	I	K	V	L	B
P	N	T	G	H	K	J	V	W	X	U	E	I	F	S
S	G	K	Y	S	G	Q	L	J	M	C	V	M	X	L
T	R	B	H	V	O	X	U	A	P	Q	B	E	D	R
M	A	K	E	P	J	S	M	L	Q	V	S	N	R	K
L	P	E	L	É	T	R	I	C	A	U	N	T	V	Y
A	G	L	D	N	Q	B	N	B	U	I	W	O	E	X
T	B	O	S	M	P	K	O	Y	D	N	Q	K	R	M
V	Y	I	C	H	Z	R	S	O	L	S	E	P	I	W
D	T	É	R	M	I	C	A	H	J	R	U	F	D	C
V	L	K	M	V	C	R	E	W	U	I	N	G	S	F
H	D	R	U	G	J	I	A	U	P	C	X	R	L	H
S	P	B	O	T	V	M	K	U	P	V	T	I	O	A
K	G	R	U	V	E	N	J	R	S	F	D	U	S	B

175

2 O que é energia?

_____

3 Observe as figuras a seguir e identifique a que forma de energia elas estão relacionadas. Atenção, elas podem estar relacionadas a mais de um tipo de energia.

a)

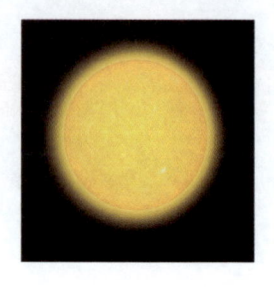

_____

b)

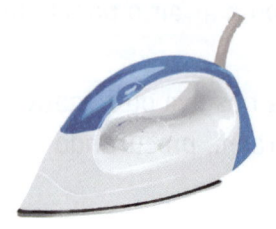

_____

c)

_____

d)

_____

e)

_____

4 Desenhe no quadro abaixo uma situação de seu dia a dia na qual você utiliza uma forma de energia que não seja a elétrica.

BRINCANDO

1) Escute a música acompanhando-a com a letra a seguir. Identifique nela exemplos de transformações químicas e de transformações físicas.

Tudo em transformação

Líquido, sólido, gas-gas-gas-gasoso.
Tudo nessa vida em transformação.
Água no ferro, oxidação.
Fruta na terra em decomposição.
Fogo na madeira, pura combustão.
O carrossel girou.
A folha, o vento soprou.
O rio evaporou, a água nuvem virou.
Tudo em transformação.
Tudo nessa vida em transformação.
Água no ferro, oxidação.
Fruta na terra em decomposição.
Fogo na madeira, pura combustão.
O carrossel girou.
A folha, o vento soprou.
O rio evaporou, a água nuvem virou.
Tudo em transformação.
Líquido, sólido, gas-gas-gas-gasoso.
Líquido, sólido, gas-gas-gas-gasoso.
Tudo nessa vida em transformação.

Eclis Damaceno.

a) Transformações físicas:
_____
_____

b) Transformações químicas:
_____
_____

BRINQUE MAIS

1. Cada um diz uma coisa! Mas qual é a ordem correta dos acontecimentos que levaram à criação do Sistema Solar? Leia a fala de cada um, depois, reescreva a sequência correta de acordo com a numeração.

> A teoria do Big Bang afirma que havia um ponto infinitamente pequeno, quente e denso, que concentrava toda a matéria existente. Esse ponto passou a se expandir e deu origem ao Universo.

> Foi nesse momento que a Terra se formou. Ela era uma massa de lava muito quente. Com o tempo, ela esfriou e a atmosfera começou a se formar.

> Em nossa galáxia, que se chama Via Láctea, uma massa de gases e poeira deu origem ao Sol, e ao redor dele se formaram os oito planetas do Sistema Solar.

> Depois, os elementos que estavam espalhados se uniram, formando massas de gás e poeira. Nesse momento, com o surgimento das estrelas, apareceu a luz.

1. _____
2. _____
3. _____
4. _____

2 Complete os espaços em branco da figura que representa o Sistema Solar, com os nomes dos planetas em cada órbita.

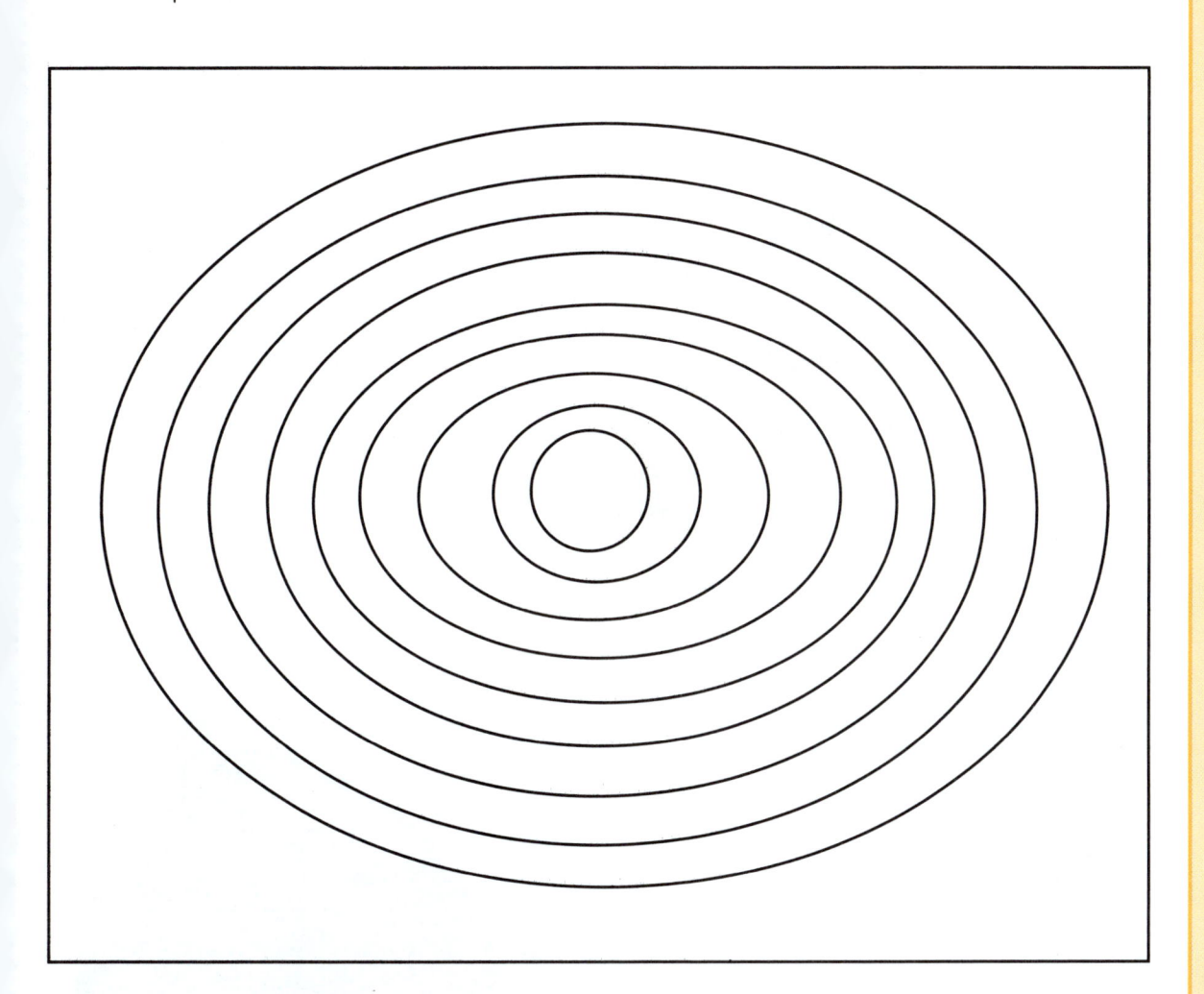

3 Pinte o gráfico com o que se pede na legenda.

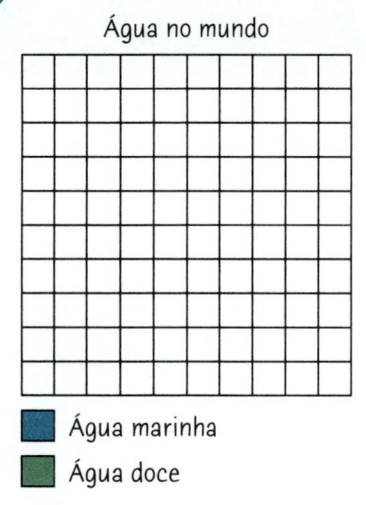

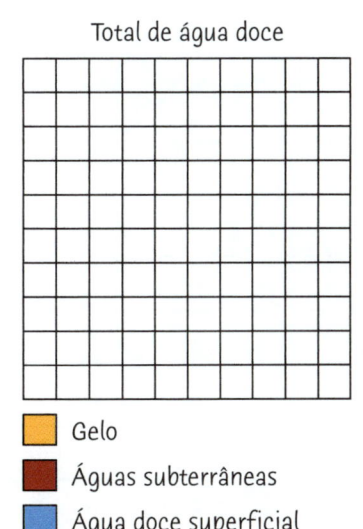

Água no mundo

■ Água marinha
■ Água doce

Total de água doce

■ Gelo
■ Águas subterrâneas
■ Água doce superficial

4) A figura abaixo reproduz como ocorre o fenômeno do efeito estufa. De acordo com a matéria estudada, explique o que representa cada letra indicada na imagem.

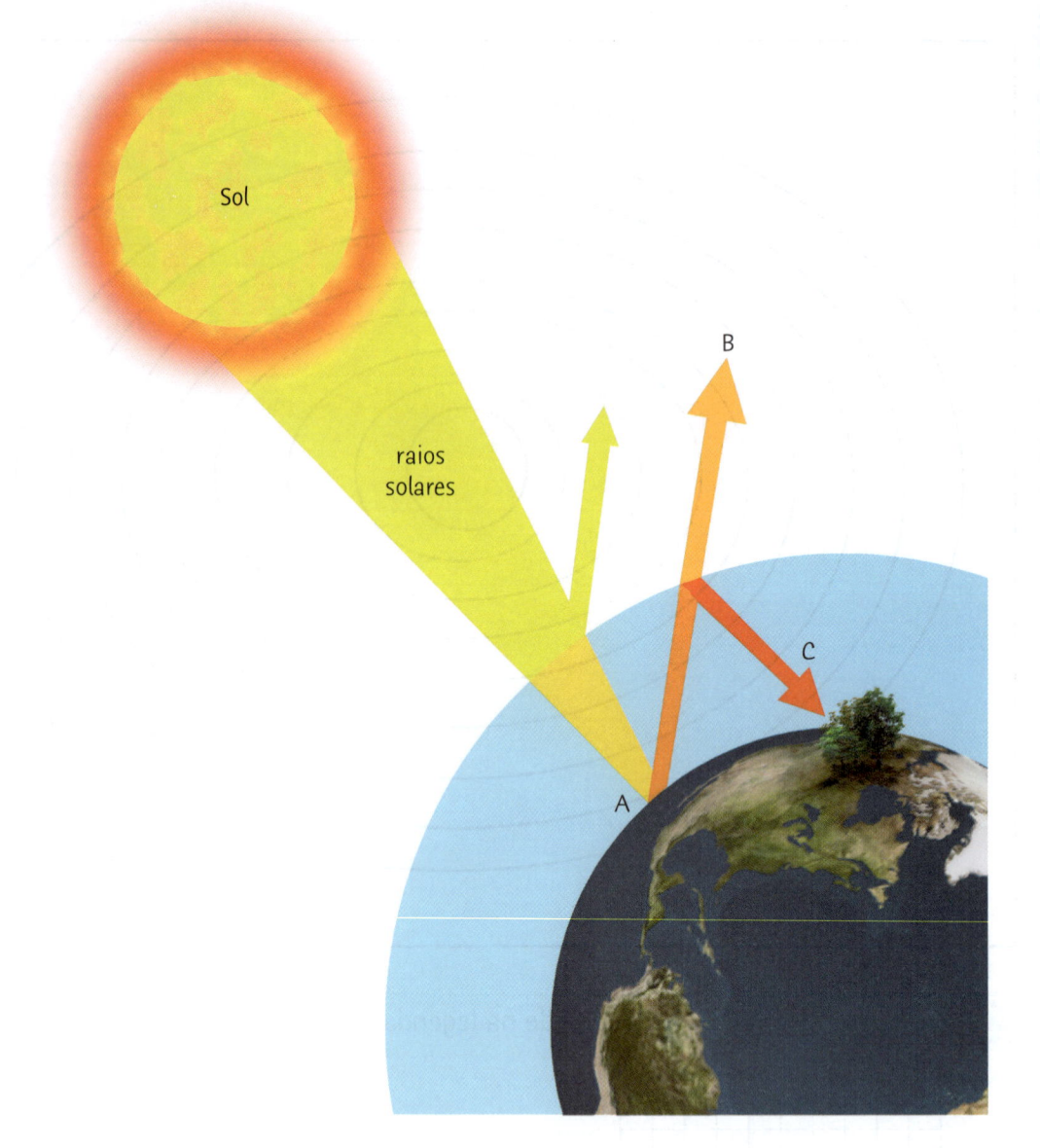

Sol

raios solares

B

C

A

A: _____
_____

B: _____
_____
_____

C: _____
_____
_____

5) Sabe-se que existem tipos diferentes de solo e que para a plantação o tipo ideal é, geralmente, a mistura entre o solo argiloso e o arenoso. Além disso, para que esse solo seja rico em nutrientes, outros elementos são importantes. Faça um **X** nas figuras que representam os outros elementos importantes:

6) Faça o seu próprio fóssil. Desenhe sobre o pedaço de rocha a seguir o fóssil de um animal ou de um vegetal. Procure exemplos na internet, em sites como: <http://projuh.blogspot.com.br/2012/03/fosseis.htm>.

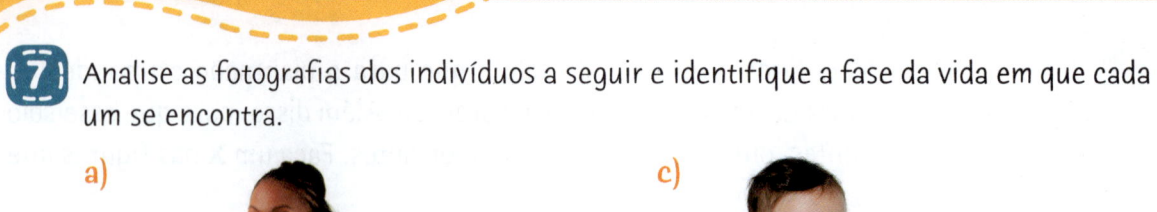

7 Analise as fotografias dos indivíduos a seguir e identifique a fase da vida em que cada um se encontra.

a) _____

c) _____

b) _____

d) _____

8 Assinale com um **X** as frases que explicam as mudanças que costumam ocorrer com a pessoa do sexo feminino **ou** do sexo masculino durante a adolescência.

a) ☐ Crescimento em altura.

b) ☐ Aumento dos seios.

c) ☐ Aparecimento de pelos no rosto.

d) ☐ Crescimento de pelos nas axilas.

e) ☐ Mudança da voz.

f) ☐ Aumento do pênis e dos testículos.

g) ☐ O corpo torna-se mais curvilíneo e o quadril alarga-se.

h) ☐ Crescimento de pelos na virilha e na região dos órgãos sexuais.

i) ☐ O corpo torna-se mais musculoso.

j) ☐ Ocorre a menstruação.

{9} Na figura abaixo, temos um mapa em branco, identifique os diferentes biomas, pinte-os de cores diferentes para melhor visualizá-los.

Os biomas que você tem de identificar são os listados a seguir. Pinte cada quadradinho com a cor que você escolheu para representá-lo no mapa.

☐ tundra;

☐ taiga;

☐ floresta temperada;

☐ savana;

☐ campos;

☐ deserto;

☐ floresta tropical.

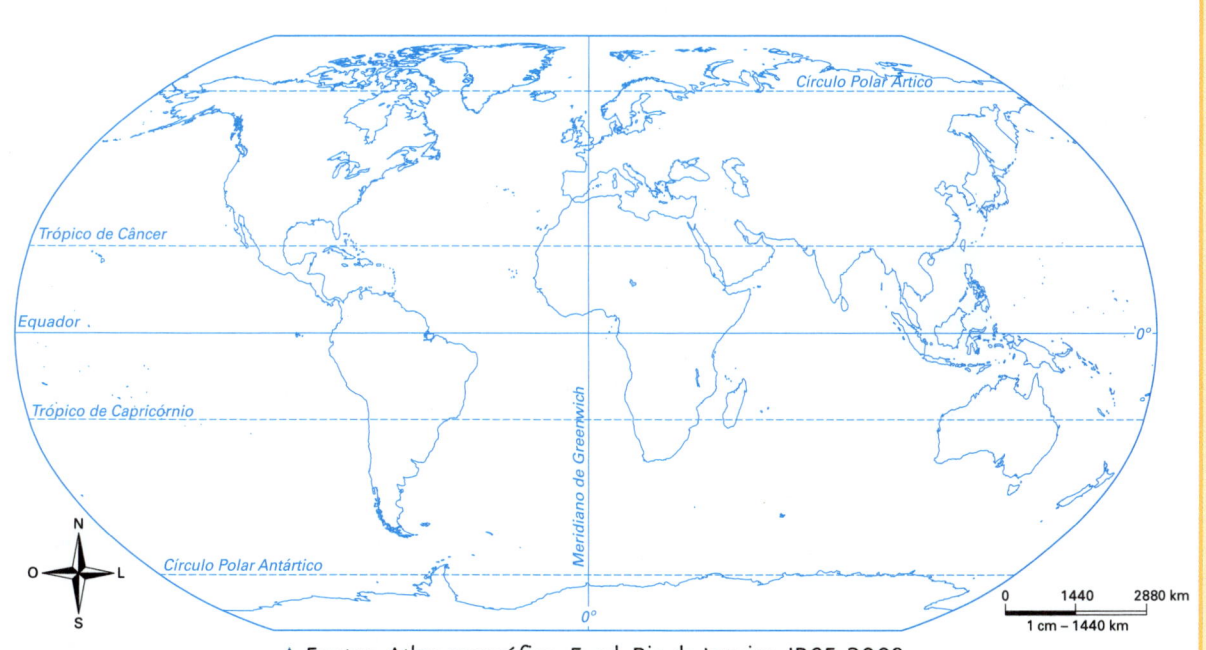

▲ Fontes: Atlas geográfico. 5. ed. Rio de Janeiro: IBGE, 2009. p. 32; University of Texas Libraries. Disponível em: <www.lib.utexas.edu/>. Acesso em: abr. 2012.

10 Complete as seguintes frases com as palavras adequadas sobre Ecologia.

a) Na cadeia alimentar, os _____ são denominados _____, pois produzem o próprio alimento.

b) Os animais que não produzem o próprio alimento e se alimentam de vegetais e outros animais são denominados _____.

c) O conjunto de seres da mesma _____ que ocupam a mesma região é denominado _____.

d) O conjunto formado por todos os seres vivos e os fatores ambientais de uma mesma área é denominado _____.

11 Escolha um dos sistemas que trabalham para o bom funcionamento do corpo humano, desenhe e liste as funções de todos os órgãos que fazem parte desse sistema.